A4・1枚ですべての仕事を
可視化する

爆速ノート術

THE オトウサンノヒミツキチ・Kei

日本実業出版社

爆速に仕事をこなして
時間を生み出す
ための

4つの心得
（こころえ）

Question

空白に入る言葉が
わかりますか？
答えは次のページへ！ →

一、爆速の基本となる「仕事の棚卸し」は、
●●●の●●●●を洗い出すこと。

一、1日の仕事を効率的にするために
●●の●●●●をつける。

一、週ごとの●●●●を立てることで、
今の状況を把握し、適切な対策を
取ることができる。

一、月間の目標は●●●し、
●●●●を設定する。

爆速に仕事をこなして
時間を生み出す
ための

4つの心得(こころえ)

Answer

毎日コツコツ、
焦らずコツコツやれば
大丈夫!

一、爆速の基本となる「仕事の棚卸し」は、
　頭の中の全タスクを洗い出すこと。

一、1日の仕事を効率的にするために
　時間の優先順位をつける。

一、週ごとの行動計画を立てることで、
　今の状況を把握し、適切な対策を
　取ることができる。

一、月間の目標は数値化し、
　行動目標を設定する。

はじめに

　突然ですが、仕事のスケジュール管理がうまくいかず、タスクが積み重なってしまった経験はありませんか？

　残業が減らない中、休憩時間を削ってまで仕事をしたり、予定していた仕事の段取りが四方八方からの依頼で狂ってしまったり、やりたい仕事が見つからず、やらされ仕事ばかり——その結果、達成感よりも疲労感が蓄積していくのは、多くの社会人に共通する悩みかもしれません。

　でも、心配しないでください。あなただけではありません。実は、かつての私もそうでした！

　では、なぜこのような状況に陥ってしまうのでしょうか？

　答えはシンプルです。**スケジュール管理やタスク管理の適切な方法を理解していない**からです。

　一度思い返してみてください。学生時代には算数、国語、理科、社会など、各教科の知識や宿題のこなし方を学びますが、スケジュール管理やタスク管理について詳しく学ぶ機会はなかったですよね？

　社会人になっても、これをきちんと教えてもらえる人は少ないはずです。

　スケジュール管理やタスク管理は、たいてい実務を通じて学ぶことになるので、誰もが言葉にできない感覚でタイムマネジメント力を自然と身につけていることが多いのです。

　たとえば、社会人経験が浅いうちは、タイムマネジメント力

の向上を目指してセミナーに参加したり、関連書籍を読んだり
しても、なかなか実践できないのが現実です。その理由は、
「管理の方法（ノウハウ）」に注目しすぎて、その背後にある本
質を見逃しているからです。

　さて、ここで少し自己紹介をさせてください。
「THE オトウサンノヒミツキチ」のKeiと申します。
「モノ・コトを通じて学ぶ魅力を発信する」をコンセプトに
2022年にYouTubeで活動を開始しました。
　ノートや手帳を使ったスケジュール管理やタスク管理のテク
ニック、仕事の効率を上げるガジェットについて情報を発信し
ています。チャンネル登録者数は2024年6月時点で7万人に
迫る勢いです。
　このほか、音声メディアVoicyのパーソナリティとしても活
動し、この春からオンラインコミュニティ「Bizque −ビジネ
ススキルクエスト−」を立ち上げ、ビジネススキルを向上させる
考え方を発信したり、ワークショップやイベントを実施したり
しています。素顔や経歴は公開していませんが、多くの人々か
ら信頼を得ていることに、大変感謝する毎日です。

　現在は2人の子どもの父親であり、本業の会社員としては、
新規事業の立ち上げから社内広報、社員育成に至るまで、幅広
い業務をこなしています。中小企業によくいる典型的な中間管
理職です。
　元来タイムマネジメントは得意ではありませんでしたが、持
ち前のガッツで多くの仕事を引き受けることにより、多彩な知

識と経験を得ました。しかし、無意味な残業や休日出勤を経験し、一度、精神的にパンクしたことをきっかけに、生き方を考え直したのです。

「仕事ができる人になりたい」と自問自答を続けた末に、得た結論は「休むこと」、家族との時間をはじめとするプライベートを充実させることでした。つまり、**「効率的に仕事を管理し、成果を出しながら、適切に休息を取れる人」**こそが、真の「仕事ができる人」だと考えるようになったのです。

この本では、さまざまな職種で取り入れられる考え方を、たとえ話を交えつつ紹介します。世の中には、タイムマネジメントについて語る本はたくさんありますが、**この本の強みは、私がいたって普通の社会人である点です**。著名な経営者や複数のビジネスを手掛けている人たちとは違って、今お仕事に悩んでいるみなさんと似たような課題を持っているので、リアルな現場でより活用できる方法を提案できると思っています。

本書では、タイムマネジメントだけでなく、その背後にある考え方や原則を理解し、実践する方法を次の流れで解説します。

第1章………仕事の棚卸しを通して、効率的なタスク管理の重要性を解説します。
第2章……… 1日の作業を加速させるための計画法を紹介します。
第3章……… 1週間の業務を効率化するスケジュール設定法

を提案します。

第4章………1カ月単位の目標設定とその達成方法について説明します。

第5章………中長期計画の立て方と、それを遂行するための戦略を解説します。

第6章………思考力を高めるテクニックとその実践方法を紹介します。

第7章………アイデア発想力を向上させるための具体的な方法を提供します。

第8章………アウトプット力を強化し、仕事の成果をあげるメモ術を伝授します。

第9章………会議を有意義な成果が得られるものに変えるための実践的アプローチを説明します。

第10章……人生の夢を実現するための目標設定と計画の進め方を紹介します。

　タイムマネジメント（スケジュール管理、タスク管理）の正しいやり方はもちろんのこと、仕事に対する向き合い方や考え方を多角的に捉えます。単なるノウハウを超えた、本当の生産性向上を実現するための考え方と原則をぜひ手に入れてください。

　この本を読むことで、すぐに劇的に変化することを期待するのではなく、読んだことを実際に試してみてください。新しいテクニックや考え方を少しずつ取り入れることで、仕事の効率が上がり、残業が減り、週末の自由時間も増えるはずです。こ

の本があなたの日々を少しでもよくするための一歩となります
ように。

　新しいことにチャレンジし、それが成功へとつながることを
応援しています。さあ、今週の休日はしっかり休もう！

第 **1** 章

仕事が遅い人は
"仕事の棚卸し"ができていない

第 **2** 章

1日の仕事を爆速化する

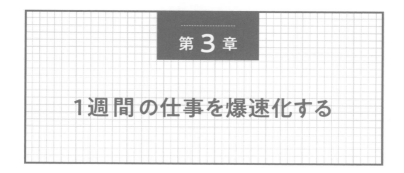

第 **3** 章

1週間の仕事を爆速化する

第4章

1カ月の仕事を爆速化する

ざっくりとした計画で十分

第 **5** 章

中長期（3カ月、半年、1年間）の計画を立てる

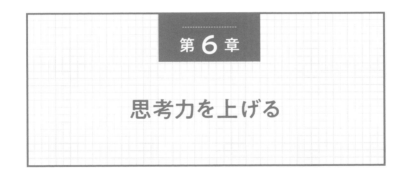

第6章

思考力を上げる

第 **7** 章

発想力を上げる

第 **8** 章

仕事を早く覚えるための
最強メモ術

会議を成果の出るものに変える

人生の夢をかなえる

カバーデザイン：ナカミツデザイン

本文デザイン＆DTP：浅井寛子

編集協力：貝瀬裕一（MXエンジニアリング）

第1章

仕事が遅い人は "仕事の棚卸し" ができていない

■YouTubeで解説した参考動画
【ノート術】仕事のモヤモヤをスッキリ解消！
付箋とノートで業務の棚卸しをする方法【手帳術】
https://youtu.be/baXiUnsk-9I?si=3AxL44Z7-64Os4Wz

今自分が抱えている タスクの数を 管理できていますか?

タスク管理の重要性を考えたことはありますか?

タスクを抱えていることは、効率低下やストレスを招きます。

効果的な管理は、仕事の質と効率を高めます。

仕事の効率が悪くなる原因とは?

みなさんは今、お仕事（タスク）をどれくらい抱えていますか?

普段、私はシステム手帳やノートでタスクを管理していますが、タスクの数をいきなり聞かれても即答できません。そもそも手帳を見ればわかることなので、わざわざ覚えていません。

むしろ、この質問に即答できた方がいたら、本当にすごいと思います。

だけど、もしも手帳、Googleカレンダー、ノートなどを使って管理していない、あるいは、使っているけれども、自分が抱えているタスクの数がわかるようになっていないという方がいたら、それは由々しき問題だと思ってください。

なぜなら、**「タスクを管理できていない」ということは、イコール「優先順位が決められない」ということで、その結果、必ず仕事の効率が悪くなる**からです。

具体的には次のようなことが起こります。

・今日やるべきことがわからず、重要なアポイントメントを
　ダブルブッキングしてしまう
・依頼された仕事を無差別に引き受けてしまい、本来の業務
　が滞り、進行が遅れる
・仕事にメリハリがなくなり、生産性が低下し、結果として
　残業時間が増えてしまう
・計画性がなく手当たり次第に仕事に取り組む癖がつき、「休
　憩を取らずにがんばっている自分＝すごい」と勘違いする
・休日出勤が多いことを他人よりも仕事をがんばっている証^{あかし}
　と誤認してしまう
・結果的にスケジュール管理ができず、質の低い仕事になる
・残業増加、休みが取れない、休むことへの不安がストレス
　となり、負のスパイラルを生む

Check!

☑ タスク管理が不十分だと、仕事の効率が低下し、
　ストレスが増大する

☑ 効果的なタスク管理は、仕事の質と生産性を向上させる

仕事を棚卸ししよう

在庫を調査してその仕事の全体像を把握し、
効率的な計画を立てる重要な作業である
「棚卸し」を、仕事にも適用しましょう。

すべてのタスクを洗い出す

先の例のようにならないために、みなさんにまずやっていた
だきたいのが**「仕事の棚卸し」**です。「棚卸し」とは、一般的
には倉庫内にどれくらい商品の在庫があるのか、数量を調べる
作業のことです。在庫数を調べるだけではなく、商品の品質を
評価したり、あるいは商品の資産価値を評価するといった大き
な目的のもとに行なわれる作業です。

これと同様に、普段自分がやっているすべての仕事を棚卸し
することで、「今、自分が何をやるべきか?」「どういったこと
に直面してモヤモヤしているのか?」などといったことを一発
で把握できるようになります。

**仕事の棚卸しをするにあたり最も重要なのは、まず「すべて
のタスク」の洗い出しに集中する**こと。これは、お店の運営に

たとえると、店舗の取り扱い品目をすべて把握するようなものです。商品が何であるかを知らなければ、売上計画を立てたり、適切な仕入れや販売戦略を実行することはできません。同じように、**仕事の棚卸しをうまく行なえないと、効率的な計画を立てることが難しくなります。**

　また、タスクリストの項目数があまり多くないのに、日々業務に追われている場合、それは無意識に「忙しいふり」をしているか、計画性のない流動的な作業をしている可能性があります。

　仕事の棚卸しでは、タスクを大まかに書き出すだけではなく、それぞれのタスクを細分化することがとても大切になります。

　そのため、１カ月に一度くらいのペースで、仕事の棚卸しをしたいところですが、手帳やノートに単に箇条書きで書けばよいというものでもありません。

　たとえば、「Ａ社さんとミーティング」と書くだけではまったく意味がありません。

　次のように、細かく書く必要があります。

1 同行メンバーがいれば、情報を共有する
2 参加メンバーの予定を確認し、調整する
3 Ａ社の担当者と相談して、ミーティング日程を決定する
4 社内メンバーにミーティング日程を共有する
5 必要に応じてメンバーに指示を出して、資料の準備をする
6 ミーティング２日前に進捗状況を確認する

7 前日には移動時間を含むタイムスケジュールの設定をする

8 ミーティングで次回の日程を確定する

Check!

☑ 仕事の棚卸しは全タスクを洗い出し、効率的な計画を立てるための基盤を作る

☑ タスクの細分化は具体的な行動への落とし込みを可能にし、業務の効率化に貢献する

爆速Lesson

$$\left[\begin{array}{c}\text{自分のタスクを書き出してみよう!}\\\text{仕事の棚卸しタイム}\end{array}\right]$$

☐ ＿＿＿＿＿＿＿＿＿＿＿   ☐ ＿＿＿＿＿＿＿＿＿＿＿

☐ ＿＿＿＿＿＿＿＿＿＿＿   ☐ ＿＿＿＿＿＿＿＿＿＿＿

☐ ＿＿＿＿＿＿＿＿＿＿＿   ☐ ＿＿＿＿＿＿＿＿＿＿＿

☐ ＿＿＿＿＿＿＿＿＿＿＿   ☐ ＿＿＿＿＿＿＿＿＿＿＿

☐ ＿＿＿＿＿＿＿＿＿＿＿

☐ ＿＿＿＿＿＿＿＿＿＿＿

A4用紙と付箋で
タスクを管理する

ここでは、付箋とリーガルパッドを利用した
タスク管理方法を紹介しています。
まず、付箋に期日やタスク内容、
自分発信かどうかを書き出します。

付箋にタスクや期日を書き出す

ここでは、付箋とリーガルパッドを使った、誰でもできる仕事の棚卸しの方法を解説します。

まず一般的な付箋を用意します。ここでは、左右75ミリ、上下25ミリのポストイットを使います。もちろん、メーカーやサイズはみなさんのお好きなものをお使いいただいてけっこうです。

次に、A4サイズ（天地297ミリ×左右210ミリ）のリーガルパッド、あるいはノートやコピー用紙を用意します（私は普段、キングジムの「コンパックノート」という、リングノートのルーズリーフを愛用しています）。

お好きなA4サイズのノートや紙をお使いいただいてOKです。ただ、私が使っているコンパックノートは半分に折りたたんで、A5サイズにできるので、持ち運びに便利です。

キングジムの「コンパックノート」

　はじめに付箋の使い方から解説します。タスクを色分けしないので、何色でもかまいません。お好きな色を選んでください。書くときは長い辺を横、糊づけ面は左側にします。

1 まず左端に、自分がしている仕事（タスク）を終わらせる期日を書きます。たとえば、3月25日に終わらせないといけない仕事であれば「3／25」と書きます。もし、期日がない仕事であれば、書かなくてもけっこうです。

2 次に期日の右側に、自分発信の仕事であれば「○」、ほかの人から頼まれた仕事であれば「×」を入れた記号を書きます。

3 さらにその右にタスク名を書きます。たとえば、「チラシデザイン」など。

図01-01の付箋は「3月25日までに、誰かから頼まれたチラシのデザインのタスクを完了させる」という意味になります。

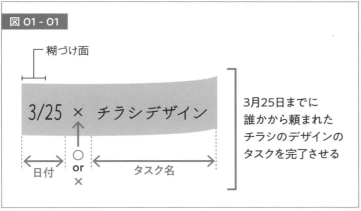

図 01 - 01

糊づけ面

3/25 × チラシデザイン

○ or ×

日付

タスク名

3月25日までに
誰かから頼まれた
チラシのデザインの
タスクを完了させる

1枚の付箋に日付、○または×、タスク名を書く

　さて、これと同じ要領で、自分が今抱えている仕事の期日と内容、そして自分発信か否かを付箋に書き出していきます。

　すべての仕事を書き出し終えたら、次はルーズリーフ（A4のノート、紙）の出番です。

Check!

☑ **付箋にタスクや期日を書き出し、それらをリーガルパッドに整理していく**

見開き2ページにタスクを
仕分けして、見える化する

期日が書かれた付箋は左ページに、
期日がないものは右ページに配置し、
自分発信の仕事と頼まれた仕事を分けて整理します。

右ページと左ページの書き分け

　ルーズリーフを広げて、見開き2ページ内に、前節で期日などを書き出した付箋を貼りつけていきます（A4用紙の場合は2枚並べる、あるいはA3用紙を二つ折りにして使うのでも大丈夫です）。

　まず、期日が書かれた付箋を左のページに、期日がないものは右のページに貼ります。この作業を繰り返します。

　次ページの図01-02のように、左ページに貼りつけた付箋は、必ずやらないといけない締め切りがある仕事です。ただし、今のところ、締め切りの順番通りに貼りつける必要はありません。とりあえず貼ることに専念します。

　一方、右ページには上のほうに「期日なし＆自分発信」の仕事、下のほうに「期日なし＆頼まれた仕事」の付箋をそれぞれ貼りつけます。

3つのブロックにグループ分けする

　次のステップに進みます。

　上の「期日なし＆自分発信」の仕事、下の「期日なし＆頼まれた仕事」を分けるために、右ページに横線を引きます。

　これで付箋が3つのブロックにグループ分けされました。

　その後、左側のブロックに貼った付箋を日付の順に並べ替えます。上から仕事の期日が近いものを貼っていきます（もし、この時点で期日が決まっていないものがあれば、それはあとで並べ替えればOKです）。

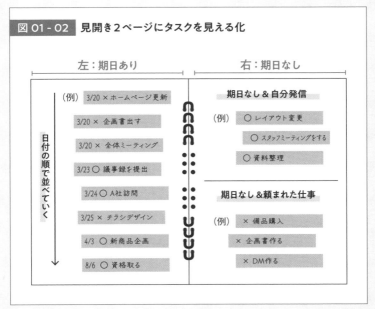

図 01 - 02　**見開き2ページにタスクを見える化**

左：期日あり　　　　　　　　右：期日なし

（例）　3/20 × ホームページ更新

3/20 × 企画書出す

3/20 × 全体ミーティング

3/23 ○ 議事録を提出

3/24 ○ A社訪問

3/25 × チラシデザイン

4/3 ○ 新商品企画

8/6 ○ 資格取る

日付の順で並べていく

期日なし＆自分発信

（例）　○ レイアウト変更

○ スタッフミーティングをする

○ 資料整理

期日なし＆頼まれた仕事

（例）　× 備品購入

× 企画書作る

× DM作る

期日や内容を付箋に書き出し、左右のページで仕分ける

〈作成の流れ〉

1 まず図01-01の要領で付箋にタスクをすべて書き出す

2 左ページは「期日あり」、右ページは「期日なし」で付箋を仕分けする

3 右ページは上下に2分割する。上段は「期日なし＆自分発信」下段は「期日なし＆頼まれた仕事」に仕分けする。これで付箋が3つのブロックに仕分けされた状態になる

4 左ページの付箋を「期日順」に並べ替える

このように上から順番に期日が近いものを並べることで、仕事の優先順位が確定します。

なお、右ページは、もともと期日がないので、並べ替える必要はありません。

人によっては、タスクをたくさん抱えている方もいるでしょうから、その場合はA4サイズではなく、もう一回り大きいA3サイズの紙を2枚並べて使うといいでしょう。

期日がある頼まれた仕事は要注意

まず左ページをご覧ください。期日の有無で分けたので、「今、自分が何をしなければいけないか」が一目でわかります。**やるべきことはこの左ページに貼りつけた仕事が最優先です。期日がある仕事を上から順にこなしていきます。**

たとえば、図01-02の例でいうと、3月20日の2つ「ホームページ更新」「全体ミーティング」です。×なので、2つとも頼まれた仕事です。

もし、この２つを忘れてしまったら、この仕事を頼んだ人の あなたに対する評価は落ちてしまうでしょう。つまり、「この 人は仕事を期日までに仕上げなかった人」というレッテルを貼 られます。ですから、**期日がある頼まれた仕事は要注意**です。

　その一方で、上から３番目の付箋「３月23日〇　議事録を 提出」は、期日はありますが、自分発信の仕事です。この「期 日あり自分発信」の仕事には大きく２つの意味合いがありま す。

　１つ目は、たとえばこの「議事録を提出」であれば、会議で 「誰か議事録をまとめて」となったときに、「自分がやります。 ３月23日に提出します」と自分が手をあげたパターン。その 場合は、**期日通りに提出しないと、頼まれた仕事と同様に「約 束を守れない人」とみなされ、評価が下がります。**

　２つ目は、誰からも頼まれていないけれど、自発的に「自分 が議事録をまとめて、提出したほうがいい」と思ったというパ ターンです。これはとてもよいパターンです。ただし、自分が 勝手に決めたことなので、忙しいと期日を守らないことがあり ます。つまり、**「自分との戦い」**です。**こういう仕事をしっか り期日を守ってできるようになると、自分自身の仕事力がアッ プし、周囲の人たちとの関係性がよくなっていきます。**

　このように、自分発信の仕事には大きく２つの意味がある （実は超重要である）ことを肝に銘じてください。

☑ 見開き2ページにタスクを整理して可視化することで、優先順位を確定させることができる

☑ 期日や内容を付箋に書き出し、左右のページで仕分けることで、効率的なタスク管理が可能となる

爆速Lesson

$$\left[\text{そのタスクはどっち?} \right]$$

頼まれた仕事	自分で決めた仕事
☐	☐
☐	☐
☐	☐
☐	☐
☐	
☐	

一番大切な
「期日なし&自分発信」の仕事

期日がないからといって軽視してはいけない仕事です。

これらの仕事を遂行することで、仕事の幅が広がり、

自己成長やキャリアアップにつながります。

将来の自分のための投資になる項目

　次に右上の、「期日なし&自分発信」の仕事が書かれた付箋を見ていきましょう。

　これらは決して「期日がないから、ラッキー！」という仕事ではありません。実はこのブロックにある仕事はとても大事です。**自分発信の仕事をきちんとこなせるようになると、仕事の幅が広がったり、いろいろな人との出会いにつながったりします。**

　期日がないせいで、どうしても自分に甘くなってしまい、なかなか手をつけられなかったりします。しかし、付箋に書いただけで終わらせてしまうと、「新商品を企画したいなあ」とか「資格を取りたいなあ」という希望のままで終わってしまいます。

　これらの仕事を目標を立ててきちんとやっていくことが大事

なのです。つまり、**右上に書かれたことは、将来の自分のための投資であったり、成長のタネなのです**。これらをどうすれば実行していくことができるのかを日々考えなければいけません。

たとえば、「新商品企画」であれば、自分の中で「よしやろう、期日を決めよう」と思ったら、付箋に期日を書き込んで、左側のページに移動させるのです（図01-03）。

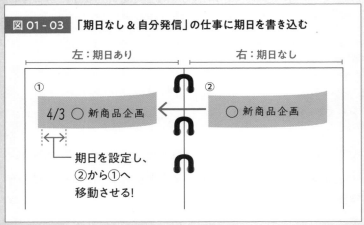

図 01 - 03　「期日なし＆自分発信」の仕事に期日を書き込む

左：期日あり　　　　　　右：期日なし

①

② 〇 新商品企画

4/3 〇 新商品企画

期日を設定し、
②から①へ
移動させる!

右上のブロック②「期日なし自分発信」の仕事に期日を設定することで、左側のブロック①に移動させ、実際に取り組む

あとは、その期日に向けて仕事を進めるだけです。確かに、左側の期日ありのゾーンに移行することで実行しなくてはいけない仕事の数は増えますが、これは本来「自分がやりたいこと」だったり、「自分のキャリアアップにつながる」大きな意味がある仕事です。右ページの上段から、「期日なし＆自分発

信」の仕事を左に移すことは、将来に向けた大きな一歩といえます。

つまり、**期日を決めて左ページにどんどん移動させる**ことがとても大事なのです。

Check!

☑ 「期日なし＆自分発信」の仕事は、将来の自己成長やキャリアアップに大きく影響を与える重要なタスク

☑ これらの仕事を軽視せず、期日を設定し具体的な目標を持って取り組むことが必要

爆速 Lesson

$$
\begin{bmatrix} あなたの \\ 「期日なし＆自分発信」仕事は？ \end{bmatrix}
$$

	タスク	いつまでに終わらせる？
☐	_____	_____
☐	_____	_____
☐	_____	_____
☐	_____	_____
☐	_____	_____

一番やっかいな
「期日なし＆頼まれた仕事」

仕事の中で最もやっかいな部分です。
このブロックでは期日が不明で、誰もが担当者になること
を避けがち。しかし、そのまま放置すると
トラブルやストレスの原因になってしまいます。

まずは自分で期日を決める

　最後の右ページの下段に置かれた「期日なし＆頼まれた仕事」について、どう扱うかを説明します。実は、このゾーンに置かれた仕事が一番やっかいです。

　たとえば、「いつでもいいから資料整理をしておいて」といった類の仕事ですが、最も安請け合いしてはいけない仕事です。結局、誰も期日を決めていないので、「言った／言わない」のトラブルに発展することがあります。

　また、自分の中では「5日後にやろう」と思っていたのに、実は相手は「3日後に提出してほしい」と思っていて、「まだ、やってないの!?」となることもあります。すると、相手のあなたに対する評価は下がってしまいます。

　そう考えると、**たとえ期日がないとしても、自分で期日を決めるべき**だとおわかりいただけるでしょう。

また、期日を決めずに、ノートの右下に置いたままだと、ずっと心の中に引っかかって、ほかの仕事をしているときであってもモヤモヤしてしまいます。つまり、ストレスの素なのです。

「仕事に振り回される」という表現がありますが、そうなってしまうのは、この右下のゾーンにある仕事の期日を決めないことが原因です。

　日々の仕事において、誰かから仕事を頼まれることはよくありますが、頼まれた段階で期日を決めておかないと、いろいろな仕事をするうえでの邪魔者になってきます。

　要は、右ページに貼りつけた期日なしの仕事は、自分発信であっても、頼まれたことであっても、期日を決める必要があるわけです。これらの仕事を、1つ1つ期日を決めて左ページに移動させるというサイクルを回していくと、仕事のストレスがなくなっていきます。

　これをすると、一見、仕事が増えていそうに感じますが、期日が決まっている仕事の割合が高いほど、スケジュールを組みやすくなります。

Check!

☑ 期日のない仕事でも、自ら期日を決めることが重要
　これらの仕事に期日を設定し、サイクルを回すことで、仕事がより効率的に処理でき、スケジュールも組みやすくなる

自分でやる？
それとも任せる？

仕事の棚卸しを通じて、自分が担当すべき仕事と
他者に任せられる仕事を見極めます。

一段階上の棚卸し

この仕事の棚卸しをしていくと、気づいたときには、左ペー
ジの付箋がものすごく増えます。するとどうなるでしょうか？

人は仕事を抱えすぎるとパンクします。しかし、実はパンク
しそうなときこそ、成長するチャンスです。あわてずに、まず
**付箋に書かれた個々の仕事を見て「これは自分が絶対にやらな
いといけない仕事なのか？」、それとも「誰かに任せても大丈
夫な仕事なのか？」としっかり考えましょう。**このステップに
くると、もう1段階上の棚卸しができるようになります。

仕事の付箋を貼ったルーズリーフ（やA4用紙）は会社に置
いておくのではなく、常に持ち歩くようにしましょう。外出先
や自宅にいても、思いついたときにルーズリーフを開いて「自
分が今どんな仕事を抱えているか」を確認し、思考を整理する
こともできます。

棚卸しをする頻度

　さて、この章の最後に「仕事の棚卸し」の頻度についてふれておきます。もちろん、各人の仕事の量にもよるのですが、**まずは1カ月に1回は必ず棚卸しをする**といいでしょう。

　また、仕事が終わっても付箋とルーズリーフは捨てずに保管します。というのも、あとで自分が取り組んだ仕事の記録として見返すこともできるからです。仕事で何か壁にぶつかったとか、イライラ、モヤモヤしたときに、記録を見返すことが解決につながることもあります。

Check!

☑ **仕事の棚卸しを通じて、自分が担当すべき仕事と他者に
　任せられる仕事を見極める**

☑ **仕事の棚卸しは最低でも1カ月に1回は必ずやること**

☑ title

カバンの中身 —— What's in my bag?

☑ features

「仕事を楽しむきっかけツール」

　私のカバンの中は、日常のビジネスシーンを支える必需品が詰まっています。効率よく仕事を進めるためのデジタルツール、企画を考えるときにテンションを切り替えるためのペンケース、アイデアをすぐにメモできる便利なノート、素材撮影に最適なカメラ、そしてガジェット類を整理するポーチなど。これらのアイテムは、ただの道具ではなく、使っていて楽しく、毎日の仕事がわくわくするきっかけになる存在です！　アナログとデジタルを融合させたワークスタイルで、常に最高のパフォーマンスを発揮しています。

第 **2** 章

1日の仕事を
爆速化する

■YouTubeで解説した参考動画
【ノート術】A4用紙たった1枚で仕事を爆速に効率化する書き方／
社会人の勉強【手帳術】
https://youtu.be/Sjmlwc0ypx8

生産性を上げたければ、仕事は1日、1週間、1カ月の単位で管理する

仕事を1日、1週間、1カ月の単位で管理することで、
日々の小さなタスクを大きなゴールに
結びつけることが可能になっていきます。

毎日の小さなピースを大切にする

生産性を上げるためには仕事を1日、1週間、1カ月単位で管理することが必要ですが、たとえてみれば、これはパズルを組み立てるようなものです。大きなパズルの完成形、つまりゴールをイメージすることはとても大切なのですが、それを達成するには1日ごとの小さなピースも必要です。

1日は小さなピースで、これらが1週間で中くらいの大きさのパズルに組み合わさります。そして、1カ月でこれら全部が大きなパズルに組み合わさって、目標となる「絵」が完成します。つまり、**ゴールを常に念頭に置きつつ、毎日の小さなピースを大切にすること**がとても重要なのです。

この章ではA4サイズの紙1枚を使って、1日の仕事を爆速化する方法を解説します。

この章は大きく2つのパートに分かれます。前半は、仕事を

効率化するための事前準備です。後半は、紙をどのように使えばよいのかについて解説します。

仕事を効率化するには?

　世の中には、仕事術に関する書籍がたくさんあります。もちろん、この本もその中の1冊です。

　私はこれまでたくさんの仕事術の本を読み込んでは、その都度トライ&エラーを繰り返しました。正直なところ、本を読んだからといって、すぐに仕事力が上がるかというと、決してそういうわけではありません。

　本ごとに著者さんの方法論は異なりますし、その方法論が有効かどうかも、読み手の性格や仕事の内容によって異なります。また、自分に向いていると思った本であっても、仕事に役立つ部分もあれば、そうでない部分もあります。

　この章では、これまで私が本を読んで実際に効果があった方法のエッセンスを抽出し、コンパクトにまとめた仕事術を紹介します。そのため、すでにセルフマネジメントができている方にとっては、もしかしたら物足りなく感じるかもしれません。一方、まだ仕事をきちんと管理できていない、もっと効率化したいという方でしたら、実践することで仕事が爆速化することは間違いありません。

実践前にやるべき大切なことは「仕事の棚卸し」

　この章で解説する仕事術を実践するには、準備が必要です。

それが、第1章でも解説した「仕事の棚卸し」です。

この章では、第1章とは別の方法、始業前に1日の仕事を棚卸しする方法を解説します。

まずA4サイズの紙を1枚用意します。

次に、仕事を「今日やること」「今日やらないこと」「自分がすること」「自分がしないこと」の4つに分けて書き出します。

これが書けない人は**仕事の棚卸しができていない人で、忙しいけれど仕事をきちんとこなせていない「忙しいふりをしている人」**です。「棚卸しができていない」イコール「仕事の優先順位がつけられていない」、つまり、「やるべきこと」とそうでないことがわかっていないということなので、ただ仕事に追われているだけの状況になっています。

すなわち、一番最初に今自分が抱えている仕事を**「今日やるのか」「明日やるのか」「誰かに任せるのか」「自分でやるのか」**しっかり決めて、今日自分が何に向き合うのかがわかったら実践です。

Check!

☑ ゴールを常に念頭に置きつつ、毎日の小さなピースを大切にする

☑ 仕事を効率化する最初の1歩は、「今日やること」「今日やらないこと」「自分がすること」「自分がしないこと」を明確に区別すること

実践、1日の仕事の
爆速化

仕事の管理には、1日、1週間、1カ月ごとに
タスクを整理することが欠かせません。
具体的な手順を解説しながら、日々のタスクを効率的に
こなすための実践方法を紹介します。

タスクや作業の工数を意識する

さっそくA4サイズの紙に書き込んでみましょう。

A4サイズのノート以外のお好きな仕事用ノートでも取り組めます。次に紹介する方法は、1日のスケジュール確認ではなく、当日やるべきタスクや作業の工数を意識するものです。

作業工数は行動履歴を振り返って算出できますが、最初はざっくりでかまいません。直近1週間の行動を振り返りながら進めましょう。この方法でタスクを効率よく進め、日々の工数管理がしやすくなります。さらに、この方法を実践することで、仕事の進め方を見直し、改善する機会にもなります。

仕事の効率化の第一歩として、まずはこの方法をお試しください。最初は試行錯誤が必要になりますが、続けることで効果が見えてきます。

効率向上の基本として、この手法をぜひ取り入れてみましょう！ 次のページから具体的な手順を説明します。

図 02 - 01 　A4サイズの紙に書き込む内容

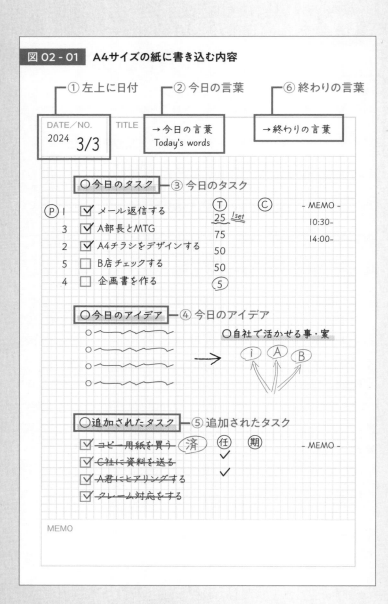

図02-01のそれぞれのブロックの書き方を順を追って説明します。

① 左上に日付

　あとで行動の記録、日報として使えるので、必ず日付を書きましょう。

② 今日の言葉

　日付の右側に、その日の仕事を始める段階で、「今日1日をどのようにすごしたいのか」（思い）を短めに書きます。

　たとえば、「ニコニコしてすごす」とか「いつもよりも多めに"ありがとう"と言う」、あるいは「イライラしない」といった具合です。基本的には何を書いてもOKです。

　この紙は1日中、手元に置いておくので、上のほうに書いておくことで、紙を見るたびにこの言葉が目に入ります。

③今日のタスク

　日付の下に「今日のタスク」を書き出します。箇条書きですが、各タスクの先頭に□をつけておきます。ここで大事なことはタスクの数です。多くても5〜6個までにします。

　先ほど棚卸しした仕事を大分類して5個に絞っていきます。図の⑫マークは「プライオリティ（数字が優先順位）」、⑪は「タイム（時間）」を表しています。また、⑫は「コンティニュー（続く）」ですが、引き続きその仕事をすることを意味します。

まず自分が今日やることを書いたら、次は時間（⓪）を決めます。各タスクを何分でやるのかを割り振っていきます。**時間の使い方は25分を1セットで考えます。というのも、人間が集中力をキープできるのは25分程度といわれているからです（諸説があります）。**この時間の使い方は「ポモドーロテクニック」として広く知られています。まだご存じない方に向けて簡単に説明しておきます。

　基本的にポモドーロテクニックでは、25分間集中して作業し、その後5分間休憩します。ですが、必ずしも「25分」にこだわる必要はありません。

　大切なのは、自分が集中できる時間は何分かを把握し、ダラダラした時間をすごさないということです。人によって集中できる時間は異なるので、自分に合った時間を見つけて、その時間内で集中するのがおすすめです。

　休憩時間も同様です。自分が気持ちを切り替えるのにかかる時間に設定しましょう。

　書き出し終えたら、各タスクに時間を割り振っていくわけですが、まず3〜5分程度で終わる小さなタスクは、この紙に書き出さず、ささっと終わらせてしまってください。

　書き出す5つのタスクは、25分や50分（25分×2セット）など、ある程度時間がかかるものです。このサイズの仕事が5つ程度あると、それだけで4〜5時間程度のウエイトを占めるはずです。

　これが今日、自分がやるべき仕事です。何を何分でやるかを

しっかり決めます。

　次は「Ⓟ（プライオリティ）」です。この5つのタスクをどの順番で片づけていくかを決めます。

　つまり、**書き出したタスクを上から順番にやるのではなく、今日やるべきことを、それぞれどの順番で何分でやるかを決めます**。それが決まったら、右端のメモ欄に何時から何時までの間にやるのかを書き込みます（図02-02）。

図 02 - 02　今日のタスク

DATE／NO. 2024　**3/3**	TITLE	→ 今日の言葉 Today's words

　　　　　○今日のタスク

Ⓟ	1	☑ メール返信する	Ⓣ
	3	☑ A部長とMTG	25　_1set_
	2	☑ A4チラシをデザインする	75
	5	☐ B店チェックする	50
	4	☐ 企画書を作る	50
			⑤

今日やるべきことを、それぞれどの順番で何分でやるかを決める

　たとえば、図の「メールの返信」は、通常であればルーティンの仕事なので、ここに書くことはあまりありません。

　大事なのは「自分が何をやるのか」、その日のタスクを明確

にすることです。しかも、ダラダラと作業するのではなく、決まった時刻に決まった時間内で片づけるというところまで、決め切ります。

　これができていない人は、たいてい仕事が遅く、ミスを連発します。おまけに、仕事を終えても、達成感や充実感をあまり感じることができません。

Check!

☑ 日々の仕事を効率的にこなすためには、1日ごとのタスクを
　A4サイズの紙に明確に書き出し、時間と優先順位をつける

爆速Lesson

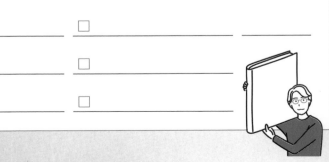

[シンプルデイリータスク管理]
まずは1つ1つの行動意識を変えてみよう

P 優先順位	今日のタスク	T 作業工数
☐		
☐		
☐		
☐		
☐		

アイデアを考える時間を
必ず確保する

仕事の中でアイデアを考える時間を確保する
ことは重要です。そのためには、タスクを
効率的にこなすことが不可欠です。

アイデアはその人の付加価値

④ 今日のアイデア

「今日のタスク」の次は「今日のアイデア」のコーナーです
（図02-03）。

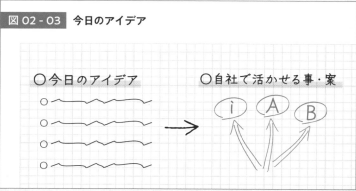

図 02 - 03　今日のアイデア

「今日のタスク」の下に「今日のアイデア」を書くコーナーを作る

ここでものすごく重要なことをお伝えします。

　そもそも、なぜ先ほどタスクを５つに絞ったかというと、仮にタスクを７〜８つにしてしまうと、タスクを片づけるだけで１日が終わってしまい、「アイデアを考える時間」を取れなくなるからです。別に、アイデアを考える時間を取らなくても、仕事に支障はきたしません。しかし、**アイデアを考えない人は、出世ができないし、年収もたいして上がりません。出世する人は、ほかの人よりもアイデアを考えています。つまり、アイデアはその人の付加価値なのです。**

　ですから、１日のうちで、アイデアを考える時間を必ず取るために、「今日のタスク」をできるだけ素早く、効率的にこなしていく必要があるのです。

　また、紙に「今日のアイデア」というコーナーを設けておくことで、「タスクをなるべく早く終わらせてアイデアを考える時間を取らなければ」という動機づけになります。

　アイデアの出し方については第７章で詳しく解説しますが、ここではいったんこのフォーマットにおけるアイデアの書き方について説明します。

　まず、思いついたこと、気づいたことを何でもよいので書き出します。その次に右のゾーンに「自社で活かせることは何なのか？」を書きます（図02-03右側）。

　どんなに面白いアイデアであっても、普段自分がやっている仕事や会社の事業に活かせなければ意味はありません。思いついたアイデアをどうしたら実際の成果に転換できるか？　最も

難しいですが、同時に、最も楽しい作業でもあります。

　ですから、いかに「今日のタスク」を早く終わらせてアイデアを出す時間を取るかが、仕事をしていくにあたって非常に大事です。

　アイデアを出す時間を何分取るのか、いつ取るのかは、人によって変わってきますが、必ずアイデアを出す時間を取るようにしてください。

Check!

☑ **仕事の中でアイデアを考える時間を確保するためには、まずタスクを効率的にこなすことが必要**

☑ **自分の仕事や会社の事業に活かせるアイデアを出すことで、仕事の付加価値を高めることができる**

爆速 Lesson

[Let's アイデア展開！]

今頭の中にあるアイデア	仕事でどう活かす？
☐	☐
☐	☐
☐	
☐	

「頼まれ仕事」は
すべて引き受けない

頼まれた仕事をすべて引き受ける必要は
ありません。効率的なタスク管理のために、追加された
仕事を適切に整理する方法を解説します。

頼まれ仕事は「試され仕事」

⑤追加されたタスク

「今日のタスクを早く終わらせてアイデアを出す時間を取りましょう」と言うと、「毎日いろいろな人からいろいろなことを割り振られるからムリ……」と思われる方もいるでしょう。

もちろん、1日仕事をしていると、周りの人たちからいろいろなことを頼まれます。ただし、言われるがままにすべての仕事を引き受けていてはいけません。

まず頼まれた仕事を「今日のアイデア」の下に「追加されたタスク」というコーナーを設けて、書き出します。そして、各タスクの右側に「誰かに任せるのか?」、自分でやるとしたら「いつやるか?」のマークをつけていきます（次ページ図02-04）。

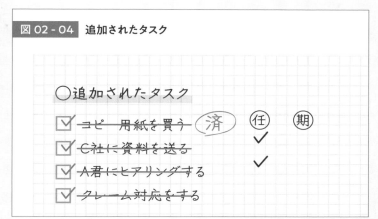

図 02 - 04 追加されたタスク

○追加されたタスク
- ☑ コピー用紙を買う （済） 任 期
- ☑ C社に資料を送る ✓
- ☑ A君にヒアリングする ✓
- ☑ クレーム対応をする

「今日のアイデア」の下に「追加されたタスク」を書くコーナーを作る

　たとえば、図には「コピー用紙を買う」とありますが、これは私自身は絶対にやらない仕事です。なぜなら、自分の人件費を考えるとムダだからです。

　書き終えたら、これらの仕事を上の「今日のタスク」と照らし合わせます。もちろん、状況によっては自分が行なうこともありますが、意識としてはNoです。

　頼まれた仕事を何でもかんでも発生ベースでやってしまうと、最初に決めた「今日のタスク」（やるべきこと）に影響が出ます。もちろん、頼まれ仕事であっても「今日のタスク」に追加しなければいけないケースはあります。

　たとえば、上司から午後の打ち合わせで必要なプレゼン資料の作成を、急遽依頼されたとしましょう。これは緊急度が高い仕事なので「今日のタスク」に追加する必要があります。

　しかし、こうした仕事以外は、何でもかんでも引き受けない

ようにします。

まずは自分でやると決めた「今日のタスク」を優先してください。そのうえで、アイデアを考える。

とはいえ、**頼まれ仕事は「試され仕事」でもあるので、誰かに任せることができなければ、この仕事も効率的にこなすようにします。**

頼まれ仕事の下のスペースはメモの欄です。

紙全体は、たったこれだけの仕事の割り振りではありますが、これをやるかやらないかで、仕事の成果に雲泥の差が出ます。この紙に書かれたことを頭の中だけで把握・整理できる人はいないと思います。

Check!

☑ 頼まれた仕事をすべて引き受けず、「今日のタスク」を優先することが重要

☑ 追加されたタスクは、「今日のアイデア」の下に整理し、必要に応じて「今日のタスク」に追加するか検討する

☑ 仕事の効率化には、頼まれた仕事を適切に管理することが不可欠

自分にとって今日は
どんな1日だったか?

1日の仕事を終える際に、「終わりの言葉」を書くことで、
その日の成果や前向きな出来事を振り返ります。
具体的な例をあげることで、自己評価を明確にし、
達成感を得ることができます。

その日の仕事を自己採点しよう

⑥ 終わりの言葉

　さて1日の仕事が終わったら、47ページで紹介した「今日の言葉」の右側に「終わりの言葉」を書きます（図02-05）。たとえば、「今日の言葉」が「今日はニコニコしてすごす」であれば、それができたかどうかでもいいですし、その日の気持ちでもかまいません。

図 02 - 05　**終わりの言葉**

| DATE | NO. | TITLE | →今日の言葉 | →終わりの言葉 |
| 2024 | 3/3 | | Today's words | |

一番上の右に「終わりの言葉」を書く

「終わりの言葉」の例をいくつかあげておきます。

・今日は売上予算を達成した！
・スタッフ5人に「ありがとう」と言えた
・予定通りにタスクをすべて完了できた
・ＳＮＳに3件の新規投稿ができた！
・新しい顧客との会議がうまくいった
・10kmの早朝ランニングを実行できた
・重要なプレゼンを無事に終えられた
・新しいレシピで夕食を作ったら、家族に好評だった
・早起きして、朝の30分を有効に使えた

　これらの例は毎日の成果や、前向きな出来事を振り返るのに役立ち、翌日への動機づけにもつながります。具体的な数字や成果をあげることで、自己評価をより明確にし、達成感を感じやすくなります。

　「終わりの言葉」を書き終えたら、その日の仕事を自己採点します。100点満点中何点だったのか？
　基本的には、80点以上をキープするように心がけてみてください。どうしても人間は失敗するものなので、なかなか100点は取れないと思います。ベストでなくてもよいので、日々ベターを目指す姿勢が大切です。
　この章で解説した方法を習慣化していただくことで、仕事が爆速化します。ぜひ取り組んでみてください。

なお、この方法は、始業前にやるよりも、前日の夜に「今日の仕事」の欄など、書けるところを書いておくと、さらに効果を発揮します。

爆速 Lesson

[Look Back！ 1日を振り返ろう]

今日はどんな1日だった？

_____

何を得た？

_____

得たことを明日にどう活かす？

_____

自己評価

 /100

☑ title

ビジネスリュック
WEXLEY [ACTIVE l BUSINESS PACK]

☑ features

「デザインと機能のバランス」

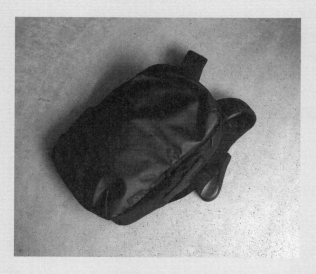

　シンプルなデザインと高い機能性が融合したビジネスリュック。防水素材と耐久性に優れた構造で、どんな天候でも安心して使えます。ポケットが多数あり、書類やデジタルデバイスも整理整頓できるため、ビジネスシーンでの使用はもちろん、普段使いにも最適です。特にPCをしっかり保護してくれるポケットが優秀です。高い収納力と快適な背負い心地に加え長時間の移動でも疲れにくいデザインなので一泊二日の出張のときなども大活躍！

第 3 章

1週間の仕事を
爆速化する

■YouTubeで解説した参考動画
【ノート術】A4用紙たった1枚で仕事を爆速に効率化する書き方
2023年度版【手帳術】
https://youtu.be/J11-bRxgLWE

1年、1カ月、1週間、1日の仕事はすべてつながっている

仕事の管理方法は状況に応じて変わりますが、
1日の仕事は週、月、年の計画に結びついています。
目標達成には、長期から短期までの計画が重要です。

自分が変われば仕事の管理方法も変わる

仕事の管理方法には、「これが正解」というものはありません。みなさんの今の職種や役職、あるいはお勤め先の会社やその属する業界によって、優先順位や管理すべき物事は変わってきます。実際の仕事には「1 + 1 = 2」のように絶対的な正解はなくて、状況によって正解は変化していくものです。

また、同じ職種、同じ立場であっても、年齢が変わったり、時期が変わったりすると、周りから求められることや、自分が自分に求めることも変わってくるので、非常に短い期間の中でも仕事の管理方法・テクニックは変化します。

前章で紹介した1日の仕事の管理方法を編み出し、YouTubeで発表したのは2022年3月でした。おかげさまで再生回数は2024年6月現在で108万回を超え、多くの方にご視聴いただきました。この方法を週単位、1カ月単位、それ以上の期間の

仕事管理にまで拡張したのが、この章から第5章にかけてご紹介するテクニックです。

　前章の1日単位の仕事管理から始めていただいて、慣れてきたら、この章の週単位の方法にスイッチしていただいてもよいですし、あるいは、最初から第4章の1カ月単位の仕事管理から始めていただいてもかまいません。ご自身のお仕事の状況に合わせて、選んでいただければと思います。

目標達成に必要なのは「逆算思考の計画作り」

　1日の仕事ももちろん大切ですが、忘れてはいけないのは、**1日の仕事はその週の仕事に、週の仕事はその月の仕事に、月の仕事はその年の仕事（年間計画）に、1年の仕事は中長期の仕事（キャリア形成や人生全体）にとそれぞれ紐づいています。**

　たとえば、会社経営のような数年単位で考えるべきこともそうですし、「自分が20年後にこうなりたいから今がある」といった夢からの逆算でもそうです。

　また、一般的な社会では、マネージャー、管理職の方には中長期のビジョンを持つことが求められます。

　たとえば、次のようなことです。

長期目標：5年以内に部門マネージャーに昇進する
1年目標：部下の指導に関する研修を受け、チーム内の小規模

　　　　　　プロジェクトを推進する

週 目 標：プロジェクト管理の基礎を学び、チームミーティン
　　　　　グ内の発言を増やす

日 目 標：専門書を読み、効果的なコミュニケーションの練習
　　　　　をする

　このようにビジョンを持つこともできます。

　少し立場や年齢を変えてみると、よりイメージしやすいかも
しれませんね。

　たとえば、小学生であれば、次のようになります。

長期目標：中学校受験で目標の学校に合格する

１年目標：算数と国語の成績を上げ、基礎学力を固める

月 目 標：毎月のテストで算数と国語で80点以上を取る

週 目 標：毎週、苦手な分野を集中的に学習する

日 目 標：毎日、宿題をするとともに、追加の問題集を解く

　あるいは、ランニングをしている人であれば、次のようにな
ります。

長期目標：１年後にフルマラソンを完走する

月 目 標：週に３回、５km走れるようになる

週 目 標：毎週、距離を少しずつ伸ばしながらランニングを続
　　　　　ける

日 目 標：栄養バランスがいい食事を摂り、十分な睡眠を確保
　　　　　する

このように、目標を達成するには、逆算思考による計画作りがとても大切になります。

　前章で紹介した1日単位の仕事管理は、中長期での仕事管理に比べると、実は楽なのです。一見、1日単位に落とし込むとやるべきことが増えるので、忙しく感じたかもしれませんが、実は年間計画を立てたり、中長期の計画を立てて実行していくのに比べれば簡単です。

　もしあなたが逆算思考に慣れてきた場合は、「順算」も意識してください。順算することで、自分が立てた予定や目標が本当に現実的なのか、ギャップがないかを確認できます。順算と逆算を繰り返すことで、より精度の高い計画を立てることができます。

Check!

☑ **1日の仕事は週、月、年の計画とつながっており、長期目標を持ちながら日々の目標を達成することが重要**

☑ **目標達成には逆算思考が効果的で、各期間に応じた具体的な目標を設定し、それを日々実践することが求められる**

【テンプレート】
1週間の行動計画を立てる

> **1週間の行動計画を立てるために**
> **テンプレートを使います。各ブロックを利用して、**
> **タイムスケジュールを管理し、週間の行動を計画します。**

上段はタイムスケジュールを管理

A4サイズの紙に次ページ図03-01のようなテンプレートを書きます。

週間行動計画は、社会人経験が長くなると短期スケジュールですが、慣れないうちは長期に感じるでしょう。「ウィークリーを制する人はデイリーを制する！」と言っても過言ではありません。この1週間をがんばり、次の休日に休み、また次の1週間をすごし、仕事のリズムを整えることは、月間の成果にも繋がります。まずは短期の計画から始めることが重要です。

今回のノート術を使えば、「実践、1日の仕事の爆速化」でお話しした「作業工数」の精度を高めるのに役立ちます。ノート術でタスクを整理し、優先順位をつけ、時間配分を計画することで、効率よく仕事を進められます。定期的に見直し、進捗を確認し、必要に応じて調整することで、目標に向かって着実に前進できます。

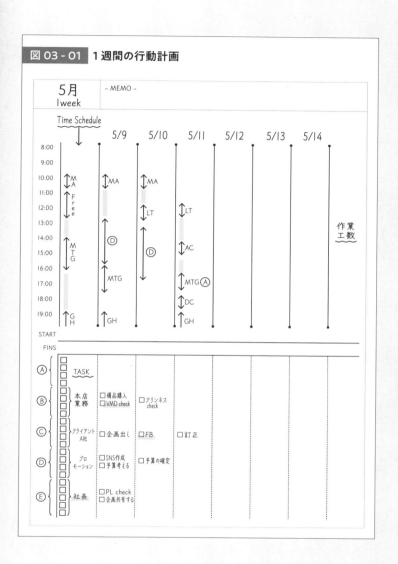

図 03 - 01 1週間の行動計画

各ブロックの内容と使い方を解説します。

テンプレートの構造を大きく分けると、上段と下段の2つの
スペースで構成されています。

　上段には縦線が8本、ブロック数は9個です。上段と下段の
間に2本の線を引きます。下段も、上段と同じようにブロック
を9個作りますが、点線で区切ります。

　まず上段です。ここでタイムスケジュールを管理します。左
端に時刻を書いています。ここでは、午前8時から1時間刻み
で19時までとしていますが、みなさんの状況に応じて、自由
に設定してください。私の経験上、長くても11時間程度が適
切だと思います。また、24時間すべて管理したい方はこの方
法は使えないので、あらかじめご了承ください。みなさんが日
常的に働く時間であれば管理できると思います。

　また、各ブロックの上にその週の各日付を記入します。曜日
は、月曜日から始めて日曜日で終わります。つまり、手帳にお
ける週間バーチカルとほぼ同じ体裁です。

　図では、右端に「作業工数」とありますが、これはのちほど
説明します。

　このテンプレートで何をするのかというと、1週間の行動計
画を各日付の欄に記入していくわけです。

Check!

☑ テンプレートを使って、1週間の行動計画を立てる際には、
　上段に時間軸を設定する

行動はわかりやすい
略称で記入する

1週間の行動計画を立てる際に、行動をわかりやすい
略称で記入することが重要です。これにより、限られた
スペースに素早く予定を書き込むことができます。

行動計画には「ショートワード」を入れていく

　まず、上段スペースの行動計画の書き方から説明しましょう。

　毎日のルーティン作業や時間の使い方など、1週間の行動を
見直すと、だいたい毎週、同じような行動をしています。朝
礼、デザイン作業、ミーティング、あるいは休憩時間など、各
行動をそれぞれ簡単な英単語に置き換えて、2〜3文字の略称
にします。私はこれ（次ページ図03-02）を「**ショートワー
ド**」と呼んでいます。

　たとえば、朝礼（Morning assembly）は「MA」、ミーティ
ングは「MTG」、昼食（ランチタイム）は「LT」、帰宅
（Go home）は「GH」、あるいは「A支店をチェックに行く」
であれば「AC」など、自分だけにわかるショートワードを
作っておけば、限られたスペースに素早く書き込むことができ
ます。

　また、小さな手帳を愛用している方はこの書き方を取り入れ

ると、限られたスペースを有効活用できるでしょう。

　各自、ご自身のお仕事に合わせてショートワードを作ってみてください。

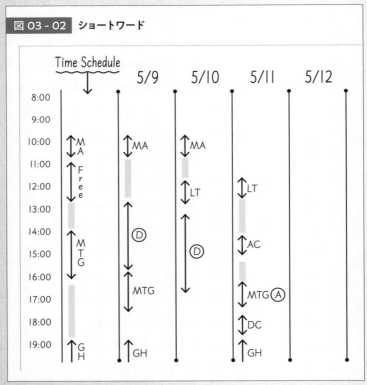

図 03 - 02　ショートワード

限られたスペースに素早く書き込むことができる

　1週間の行動計画を紙1枚にまとめることによって、何日のどの時間帯に何をするべきか、あるいはどの時間帯が空いてい

るのかが一目瞭然になります。

　空いている時間に何をやるかについては、１日のタスクとの兼ね合いで決めていきます。

　ちなみに、この章で解説するノートでは、時間軸を前章よりも少し長く設定しています。そのため、１日の管理をより詳細に行ないたいという方は、この章で紹介する方法と前章で紹介した方法を組み合わせて使用することをおすすめします。

　ここで注意していただきたいのは、１週間の行動計画を立てたあと、図03-02であれば５月８日10時から朝礼があって、そのあとに自由な時間があって、ミーティングがあってなどと追いかけて、**確認するだけで終わらないことです。右側のスペースに実際に自分が何をしたかの行動履歴を記入します（次ページ図03-03）。**

　また、行動履歴を書くときは日付、時刻とは別のペン（赤ペンなど色が違うもの）を使ってください。

　予定に対して自分が実際にどのように行動したかを検証することが大切です。

　たとえば、「予定通りに仕事が進んだか」「空き時間にどんな仕事をしたか」、あるいは「予定した仕事が決めた時間内に収まらなかった」などを記入します。

　ここで注目していただきたいのが、予定通りに仕事が終わらなかった場合です。

　たとえば、１時間の予定だったミーティングが１時間30分

になってしまったなど。このときに考えるべきは、「そもそも1時間内に終わらせるという予定の立て方が無謀だったのではないか?」など、予定と実際の行動がずれてしまった理由をチェックします。

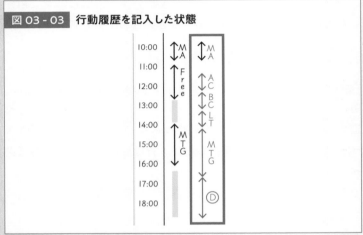

図 03 - 03 行動履歴を記入した状態

実際に自分が何をしたかの行動履歴を右側に記入する

Check!

☑ 行動計画を立てる際には、毎日の行動をわかりやすい略称で記入し、予定と実際の行動を比較することで、効果的な時間管理を実践できる

☑ 略称を使うことでスペースを節約し、行動履歴を記入することで予定の遂行状況を確認し、改善点を見つける

1週間で何にどれだけ
時間を使ったか?

1週間の行動計画を立てる際に、

各活動にかかる時間を「作業工数」として記録します。

これにより、時間の使い方を客観的に把握し、

効率的に時間管理をすることができます。

単に「予定を立てて終わり」は×

最後に右端の「作業工数」を解説します（次ページ図03-04）。

特に書き方は決まっていませんが、たとえば、1週間のうちに休憩を累計何時間取ったのかとか、ミーティングの累計時間、特定のルーティン業務の累計時間を記入します。

たとえば、ミーティングが累計3時間、商談が累計4時間だったなどと数字として可視化することで、翌週の計画を立てるときに、だいたい自分がその仕事を終わらせるのに何分必要なのかを見直せるようになります。実際に、1週間の行動履歴と作業工数は翌週以降の計画、あるいは1カ月、1年間の中長期の計画を立てるときに、そのベースとして反映させられます。

今回の説明では、各タスクにかかる作業工数を1週間の合計

で計算するよう紹介しています。しかし、慣れてきたら、各タスクにかかる1日あたりの平均作業工数を算出することもおすすめします。

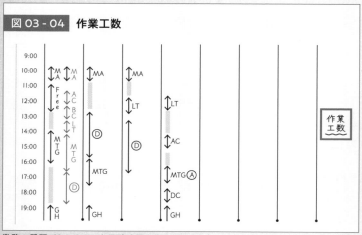

業務の種類ごとにかかった累計時間を記入する

　たとえば、「メールチェックには10分、朝礼には30分、報告書作成には60分が必要」といったように、各仕事に必要な時間を把握しやすくなります。

　単に「予定を立てて終わり」ではなく、予定に対して自分がどう行動して、それが1週間のうちのどれくらいの時間を使っていたか、つまりどれくらいのウエイトを占めていたかまでをチェックしましょう。

　上段のタイムスケジュールの下に少し空白スペースがあるの

で、ここに毎日の自己評価点（今日の自分の働き方は何点だったか）を記入します。

Check!

☑ 1週間の行動計画には、各活動にかかった時間を記録する「作業工数」を追加する

☑ 毎日のスケジュールの下に自己評価点をつけ加えることで、時間の使い方を客観的に評価し、次週の計画や中長期の計画に活かすことができる

爆速 Lesson

[作業工数を意識しよう！]

その仕事、何分で終わりそう？

ルーティンタスク	T＝作業工数
☐ _____	_____
☐ _____	_____
☐ _____	_____
☐ _____	_____
☐ _____	
☐ _____	

仕事を担当ブランドや
カテゴリーで仕分けする

タスクをブランドやカテゴリーごとに仕分けることで、
仕事の優先順位や重要性を一目で把握できます。

カテゴリー分けをして状況を把握しやすくする

次は下段のスペースの使い方を説明します。

こちらも上段と同じく日付で分けています。上段がタイムスケジュールだったのに対して、下段はタスクの管理になります。タスクの仕分け＝仕事の棚卸しについては第1章で説明しました。自分でやる仕事、誰かに頼まれた仕事、そして期日の有無で分けるのでしたね。

とはいえ、この下段スペースにタスクをすべて書き込むことは、スペースの広さを考えると難しいでしょう。なので、ほかのノートや紙を使ってタスクの仕分けをすることになります。

今回、試していただきたいのは、担当ブランドやカテゴリーで仕分けすることです。次ページ図03-05の例では、ひとまずタスクをA〜Eに分けています。

Ⓐ	TASK						
Ⓑ	本店業務	□備品購入 □VMD check	□クリンネスcheck				
Ⓒ	クライアントA社	□企画出し	□FB	□訂正			
Ⓓ	プロモーション	□SNS作成 □予算考える	□予算の確定				
Ⓔ	社長	□PL check □企画共有する					

カテゴリー分けして状況を把握できるようにする

　もし、みなさんがマネージャー的な立場のお仕事をしているのであれば、A店、B店、C店などとなるケースもあるでしょう。また、マネジメントをしていない方であっても、自分の仕事をカテゴリー分けできると思います。**ポイントは、自分の仕事を棚卸ししたあとにカテゴリー分けして、状況を把握できるようにすることです。**

　分け方は、仕事を頼まれた相手でもかまいません。

　たとえば、社長に頼まれた、上司に頼まれた、あるいは部下に頼まれたなどという分け方です。

　肝心なのは、自分がやっていく1週間の仕事を俯瞰して、どのカテゴリーの仕事が多いのかを把握することです。

　図の例では、A〜Eのカテゴリーに均等に仕事を割り振って

いますが、実際にはこうきれいにはいかないでしょう。A、B、C、Dで収まる人もいれば、AとBだけで終わる人もいるでしょう。

いずれにせよ、1日の行動計画を立てるときに、事前に仕分けしておくことによって、自分はどのカテゴリーの仕事を最優先しないといけないのか、あるいはどのカテゴリーの仕事が大きなウエイトを占めているのかを一発で管理できます。

頭の引き出しをいったん空っぽにする

1週間、あるいはそれ以上の中長期のスケジュール管理が苦手な人の特徴は、1日1日の仕事を追いかけてしまっていて、自分がどういう流れで1週間をすごしていくのかがわからないことです。あるいは、やらなければいけないことはわかっていても、それがぐちゃぐちゃになっている状態、つまり頭の中が散らかっていて必要なことを見つけられない状態です。冷静になれず、「今、自分が何をしなければいけなくて、今どのカテゴリーの仕事が多いのか」を分析できていません。

今回のように、1枚の紙に書き出すことによって、誰でも簡単に状況を把握できるようになります（次ページ図03-06）。**頭の引き出しの中にあるものをすべて目の前に取り出して、きれいに仕分けする**イメージです。整理ができれば、そこから細かな日々のタスクに落とし込むことができます。

ぜひ、前の章で紹介した1日の仕事管理術と併用してみてください。

図 03 - 06　完成スケジュール

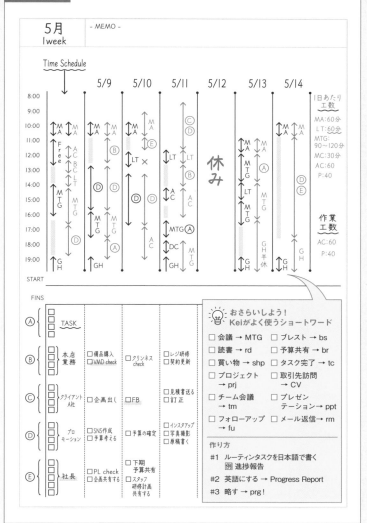

みなさんが担当している仕事内容・業務量によっては紙1枚ですべてを網羅できないケースももちろんあります。その場合は、少し大きめの紙に書き出してみるのがおすすめです。情報量が増えるとどうしても見づらくなることもあるため、その場合はPCやスマホのタスク管理ツールで整理することをおすすめします。

Check!

☑ タスクをブランドやカテゴリーごとに仕分けることで、1週間の行動計画を効果的に立てることができる

☑ この方法を使えば、自分の仕事の流れや優先度を把握しやすくなり、日々のタスク管理もスムーズに行なうことができる

爆速Lesson

[あなたのタスクはいくつ？]

担当ブランドや職域で仕分けしてみよう！

#01	#02
#03	#04
#05	#06

☑ title

筆箱1
drip「Leather Pen sleeve」
TRAVELER'S COMPANY「BRASS RULER」
ROMEO　No.03 ボールペン

☑ features

「1日を共にする相棒」

　高品質なレザーを使用した上品な1本挿しのペンケース。使うほどに手になじみ、経年変化を楽しめるのが魅力です。コンパクトなサイズで大切なペンを1本だけ収納できる設計なので、ビジネスシーンや会議での使用に最適。また、持ち運びに便利なスリムなデザインなので、カバンの中でも本当に邪魔になりません。シンプルながら洗練されたデザインも好きです。普段は真鍮製の定規と、使いやすくて美しいROMEO No.03（ボールペン）を入れています！

第 4 章

1カ月の仕事を
爆速化する

■YouTubeで解説した参考動画
【ノート術】仕事の効率が上がる行動計画の書き方【手帳術】
https://youtu.be/KNCKvdYDXRI

1カ月の間に自分がトライする 目標の指針を決める

月間の行動予定表を作成することで、自分が1カ月で
達成したい目標に向かっての指針を明確にすることが
できます。この章では、その作り方を詳しく解説します。

成果は「行動予定表があるかないか」で変わる

そもそも月間の行動予定表とは何だと思いますか？ 簡単に
言うと、1カ月間、自分がどのような目標に向かってトライを
するのか、その指針となるものです。

1日・1週間の仕事ほどは細かく設定しませんが、1〜4週
間目にそれぞれどのように行動するのか、月間の目標に対して
どのようなプロセス、どのようなタスクをこなしていけば達成
できるのか。それを見える化した地図のようなものです。

みなさんの多くの人が自動車を運転するときにカーナビを使
うと思います。カーナビで自分の現在地から目的地にいたるま
でのルートが示されるように、1カ月間、月初からゴールの月
末までをどういった道を進んで行けばいいのか。それを表した
ものが行動予定表です。

行動予定表があるかないかで、1カ月の成果はかなり変わってきますし、同時に1日の生産性もかなり変わります。

ざっくりとした計画で十分

　このほかにも1カ月単位でタスク管理をするメリットはいくつかあります。

　そもそも行動予定表を作ることは、ビジネスにおいても重要です。計画がしっかりしていれば、プロジェクトの成功に向けた道筋が、より明確になります。元々のルートが確立されているため、予期せぬトラブルの発生にも対処しやすくなりますし、新しい解決策を見つける余地も生まれます。

　また、必要に応じて柔軟に寄り道をし、新しい刺激を受けることで、チーム全体のクリエイティビティやイノベーションが促進されます。たとえ途中で迷ったとしても、元のルートに戻ることができるため、安心して進められるわけですね。

　このように、行動予定表はビジネスにおいて重要なツールであり、計画性をもって行動することでチームの生産性も向上させることができるのです。

　しかし、行動予定表が重要とはいえ、細部まで厳密に計画を立てすぎると、柔軟性を損ね、予期せぬ事態への対応能力が低下します。ビジネスでは、コントロールできない要素が多数存在するため、月間行動予定表は、詳細に決めすぎずにざっくりとした計画で十分です。これにより、必要に応じて容易に調整が可能となり、状況に応じた柔軟な対応が可能になります。

次節から具体的な記入方法を説明していきます。

爆速 Lesson

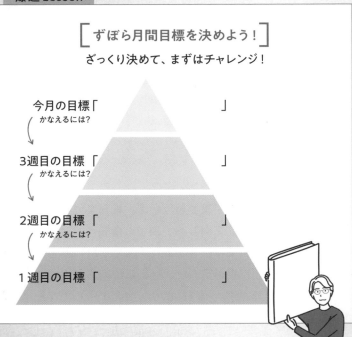

[ずぼら月間目標を決めよう！]

ざっくり決めて、まずはチャレンジ！

今月の目標「　　　　　　　　　　」
かなえるには?

3週目の目標 「　　　　　　　　　　」
かなえるには?

2週目の目標 「　　　　　　　　　　」
かなえるには?

1週目の目標 「　　　　　　　　　　」

【テンプレート】
月間の目標を決めて、
ToDoリストを作る

> 月間の目標を数値化し、ToDoリストで管理することで、
> 仕事の効率を上げ、目標達成に近づきます。ブロック
> ごとにタスクを分けて整理し、全体像を把握しましょう。

数値化した目標を入れる

まず、次ページのテンプレートをご覧ください（図04-01）。

ここで紹介するノート術は、1カ月の仕事の流れを俯瞰する際に役立ちます。イメージしやすいように、小学校から配布される「今月のお便り」を思い浮かべてください。お便りには、たとえば月の行事予定が並んでいます。発表会や参観のような1日イベントもあれば、作品展や懇談のように数日にわたるものもあります。またイベントに加え、今月ご家庭に準備してほしいものなどのリストも含まれています。

今回紹介するノート術は、まさにこの「仕事版」です！　1カ月の予定を把握し、重要なイベントやタスクを見逃さないようにするための強力なツールです。このノート術を使うことで、仕事の流れを整理し、効率的に管理することができ、毎日の業務がスムーズになります。

図 04 - 01 テンプレート

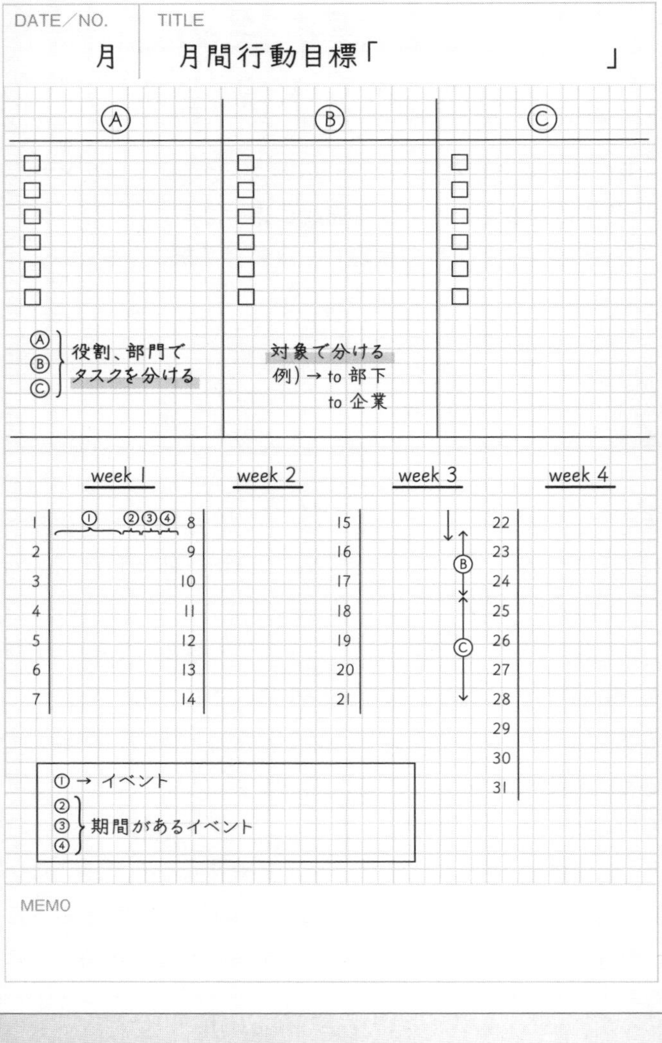

DATE／NO. TITLE
月　月間行動目標「　　　　　　　　　　　」

Ⓐ　　　　　　　　　Ⓑ　　　　　　　　Ⓒ

Ⓐ
Ⓑ ｝役割、部門で　　対象で分ける
Ⓒ 　タスクを分ける　例）→ to 部下
　　　　　　　　　　　　　　to 企業

week 1　　　week 2　　　week 3　　　week 4

1　①　②③④　8　　　15　　　　　　22
2　　　　　　9　　　16　　　　　　23
3　　　　　　10　　　17　　Ⓑ　　24
4　　　　　　11　　　18　　　　　　25
5　　　　　　12　　　19　　Ⓒ　　26
6　　　　　　13　　　20　　　　　　27
7　　　　　　14　　　21　　　　　　28
　　　　　　　　　　　　　　　　　　29
　　　　　　　　　　　　　　　　　　30
　　　　　　　　　　　　　　　　　　31

①→ イベント
②
③ ｝期間があるイベント
④

MEMO

月間予定表は、大きく分けると５つのブロックで構成されています。

　各ブロックの役割について説明します。

　まず、最上段のブロックですが、左上には月を記入し、その右に「月間行動目標」を書いてください。第２章で紹介した１日の仕事管理術では、この部分には、その日１日をどうすごすかを記入しましたが、**月間の場合は、数値化した目標を入れてください。**

　たとえば、自分の営業目標や予算管理、あるいは店舗を経営している方であれば月間の売上目標などとなるでしょう。どのような仕事であっても、基本的には数字を追いかけていく必要があるので、「前月よりも売上を増やす」といった漠然としたものでなく、具体的な数値（「売上2000万円を達成する」など）を書きます。

自分がどのような行動をするべきかが明確に

　月間行動目標を書き終えたら、その下の３つのブロック（A、B、C）に取りかかります。

　それぞれチェックボックスとタスクを書いていきます。つまり、月間のToDoリストです。

　A、B、Cの各ブロックに、ご自身の**役割、部門でタスクを分けます。**なぜ役割を分けるのかというと、頭の中を整理するためです。そもそもそのタスクが何のためにとか、誰から頼まれたものなのかとか、そうしたことを整理することで仕事の効

率は変わってきます。

　自分の役割ですが、たとえば、ジェネラルマネージャーやチームリーダーのような立場、任されている役割であってもよいですし、担当している部門（本店、A店、B店など）で分けるのでもよいでしょう。

　もしくは、**「対象で分ける」**というのもおすすめです。

　たとえば、Aは「自分から部下に対して今月取り組まなければいけないこと」、Bは「取引先企業に対してやらなければいけないこと」、そしてCは「自分自身のミッションとしてやらなければいけないこと」といった具合です（図04-02）。

図 04 - 02　対象で分ける

商品開発	広報	部下に依頼
□ 市場調査	□ プレスリリース	□ 売上報告書作成
□ コンセプトを考える	□ イベント企画	□ 日報提出
□ 製造計画	□ SNS更新	□ 備品発注
□ サンプル依頼	□ メディアリレーション	□ プロジェクター準備
□	□	□
□	□	□
Ⓐ Ⓑ 役割、部門で Ⓒ タスクを分ける	対象で分ける 例）→ to 部下 　　　 to 企業	

3～4つくらいのカテゴリーに分けて、それぞれ役割や部門なのか、対象なのか、タスクを仕分ける

1カ月のうちで、できれば3～4つくらいのカテゴリーに分けて、それぞれ役割や部門なのか、対象なのか、タスクを仕分けします。こうすることによって、自分が特定のカテゴリーに対してどのような行動をしないといけないのかが明確になります。

下段にはその月に発生するルーティンワークを記入する

　次は下段の書き方を説明します（図04-03）。

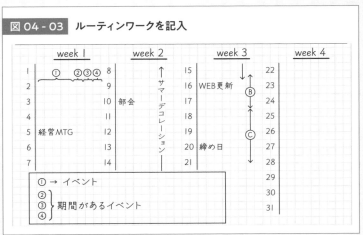

図04-03　ルーティンワークを記入

第1～4週の7日ごとに区切る

　図のように、1～31日までの日付を記入します。この例では、数字しか書かれていませんが、曜日を記入してもいいでしょう。このようにバーチカルタイプで書きます。

　日付は、**第1～4週の7日ごとに区切ります。**こうすること

で使いやすくなります。ただし、人によってはお仕事の都合などで、5日単位、10日単位のほうが使いやすいかもしれません。自分が使いやすい区切りにするとよいでしょう。

　各日付の右の欄には4〜5つのタスクを記入します。
　図04-03の①は、下の凡例にもあるように、定例のイベントです。定例の経営会議や部会、あるいは自分の仕事でこの日に必ずやらなければいけない仕事（たとえば、Webサイトの更新作業や月末の締め日など）がこれにあたります。要は、すでに固定しているタスクです。

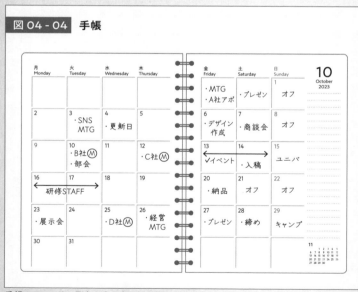

図 04 - 04　手帳

手帳のマンスリー予定の書き方とほぼ同じ

これは手帳のマンスリー予定の書き方とほぼ同じです（前ページ図04-04）。なお、定例の予定については、時間帯を書く必要はありません。

②、③、④には期間があるイベントを記す

このほか、②、③、④の各ブロックに、期間があるイベントを書きます。たとえば、小売業であれば「サマーデコレーション」とか、サービス業であれば「夏のキャンペーン」とか、1日で終わらない数日間にわたる仕事は②、③、④のブロックに書きます。

図のように「サマーデコレーション」は8日から16日までなので、その期間に線を引きます。その間には、部会やWebサイトの更新のような固定イベントがあります。

同じように、そのほかBとCのように、自分の仕事で期間が決まっていることを書いていきます。

ここに書き出した仕事は月間のルーティンです。

たとえば、急遽担当取引先との打ち合わせが入ったといったことは書く必要はありません。そうした**突発的な仕事は別の手帳で管理**していただくとよいでしょう。あくまでこの紙には月間で必ず発生することだけを記入します。

一番下に空きスペースを設けておけば、メモとして利用することができます。

最後に全体像を見ながら、改めて説明します。

まず、一番上の段には、月、月間の行動目標を書きます。先述しましたが、行動目標は、想いのような漠然としたものではなく、売上額など数字で追いかけられるものにしてください。

　その下の３ブロックは、自分の役割・業務、担当部門、対象によってタスクを仕分けします（次ページ図04-05）。ここに記入したタスクの書き方は私の過去の動画を参考にしてください。

　少しここで補足事項です。この本をここまで読み進めてくると、徐々に紙を使ったノート術の作り方を理解してきたかと思います。書いているうちに、「ここのタスクボックスの数をもう少し多くしたい」や、「この箇所は自分には不要」と感じることもあるでしょう。ぜひ、自分の仕事に合った形にどんどん変えてみてください。

　これは、「１カ月のタスク管理表」として解説していますが、実は「１日のタスク管理表」としても活用可能です。書き方のベースは同じで、下段部分を１時間ごとの勤務時間に変更することで対応可能です。

　ノートのデザインはもちろん、時間への視点を変えることで新たな発想が生まれるはずです。たとえば、１カ月の視点で見ていたタスクを１日に落とし込むことで、より具体的な行動計画が立てやすくなります。反対に、１日の細かなタスクを１カ月の視点で見ると、全体の進捗が見えやすくなります。

　このように、ノート術は柔軟にアレンジすることで、自分にとって最適なツールになります。ぜひ、試行錯誤しながら、自分だけのノート術を完成させてください。

図 04 - 05　1カ月のタスク

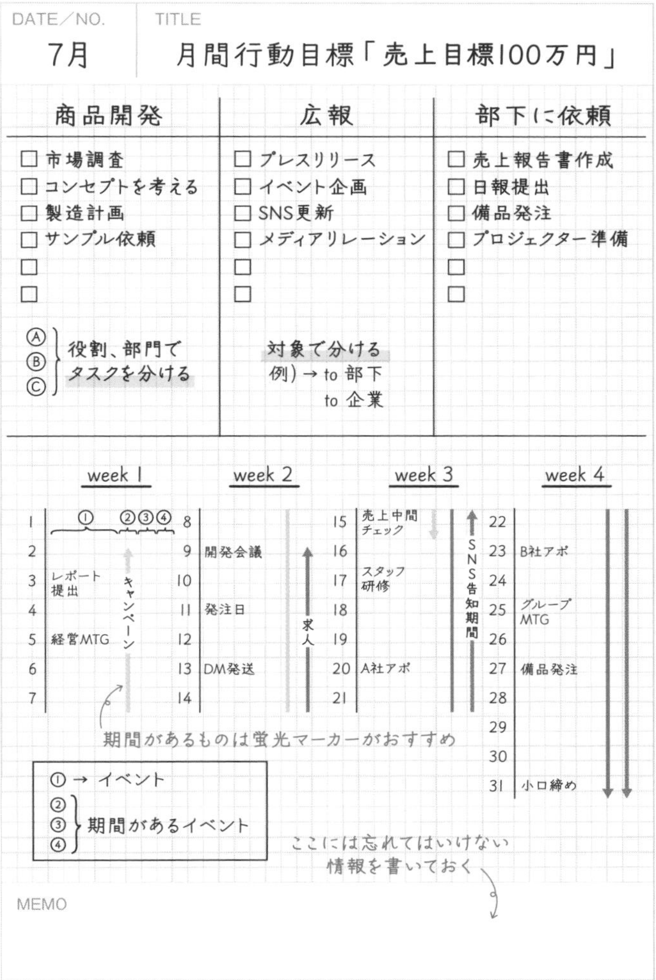

DATE／NO.　　TITLE

7月　　月間行動目標「売上目標100万円」

商品開発	広報	部下に依頼
☐ 市場調査	☐ プレスリリース	☐ 売上報告書作成
☐ コンセプトを考える	☐ イベント企画	☐ 日報提出
☐ 製造計画	☐ SNS更新	☐ 備品発注
☐ サンプル依頼	☐ メディアリレーション	☐ プロジェクター準備
☐	☐	☐
☐	☐	☐

Ⓐ
Ⓑ ｝役割、部門で
Ⓒ 　タスクを分ける

対象で分ける
例) → to 部下
　　　 to 企業

week 1	week 2	week 3	week 4

1　① 　②③④　8
2　　　　　9　開発会議
3　レポート 　10
　　提出
4　　　　　11　発注日
5　経営MTG　12
6　　　　　13　DM発送
7　　　　　14

キャンペーン

求人

15　売上中間 チェック
16
17　スタッフ 研修
18
19
20　A社アポ
21

SNS告知期間

22
23　B社アポ
24
25　グループ MTG
26
27　備品発注
28
29
30
31　小口締め

期間があるものは蛍光マーカーがおすすめ

① → イベント
②
③ ｝期間があるイベント
④

ここには忘れてはいけない
情報を書いておく

MEMO

「月間タスク」を書き出す方法ですが、前章と同様に業務棚卸しをすることから始まります（第2章を参考にしながら進めてください）。

　次に各タスクの期限を明記するのですが、それをデイリー／ウィークリー／マンスリー／年間タスクと分類します。この分類の中で、特にマンスリー以下の期間に焦点を当て、当月に達成すべきタスクを月間タスクとして明確にしていきます（図04-06）。

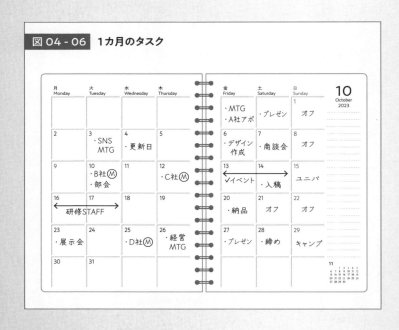

図 04 - 06　1カ月のタスク

ここでも「ざっくり書く」ことが大事

この紙を机の上に置いておくとか、壁に貼っておくだけで、自分が「この仕事ができているかな」「月間でこれをしなければいけないな」という全体的な動きをざっくり見ることができたり、仕事の進捗を確認したりすることができます。

大事なことは、先ほども述べましたが**「ざっくり書く」**ことです。

第1章で紹介した日付や期限まで書くタスク管理術まで、これに入れ込んでしまうと、非常に見づらくなってしまいます。細かいタスク管理は、あくまでウイークリーとデイリーのベースでやっていきます。月間では、「何がどの日に発生するのか」「1カ月の間に何をやらなければいけないのか」が見えるようにするだけにします。

Excelで管理してもいいのですが、あえて紙に手書きすることで思考の整理ができるので、ぜひ試していただきたいと思います。

Check!

☑ **月間の目標は数値化し、行動目標を設定する**

☑ **ToDoリストを役割や対象ごとに分けて管理し、1日のタスクから長期目標までを明確にすることで、効率的に目標達成が可能になる。紙に書き出して視覚化することが重要**

☑ **title**

筆箱 2

Galen Leather

☑ **features**

「持つ喜び、使う楽しみ」

　6本挿しのGalen Leatherのペンケース。トルコ製の手作りレザー製品で、エレガントで耐久性のあるデザインが魅力。ペンをきちんと整理できるだけでなく、カバンの中でもしっかりと形を保つので、大切な筆記具を守ってくれます。小物はほとんど入りませんが、経年変化を楽しむことができ、長く使える逸品です。メインで使っているのは、先ほど紹介したdrip「Leather Pen sleeve」ですが、企画を考えるときはこちらを使います。ペンを使い分けることでテンションが切り替わります。私にとっては集中力を高めるための必須アイテムです！

第 **5** 章

中長期
（3カ月、半年、1年間）の
計画を立てる

目標を達成できる人／
できない人の違い

目標達成に成功する人としない人の違いは、
目標の設定方法とスケジュール管理のテクニックに
あります。この章では、長期的な計画の立て方に
焦点を当て、目標達成のための方法を紹介します。

目標の設定の仕方とスケジュール管理のテクニック

これまで紹介した1日・1週間・1カ月の計画作りは、時間割や学習スケジュールを作るプロセスに似ています。

1日の計画は、その日の時間割を作るようなもので、どの日にどの科目を重点的に勉強するかを計画します。

1カ月の計画は、テスト期間中の学習スケジュールを立てることに似ており、1カ月を通じてどのように科目をバランスよく学習するかを考えます。これらの計画を立てることで、毎日・毎週・毎月と目標に向かって確実に進むことができます。

この章では、さらに長期の計画の立て方について紹介します。

毎年、年末が近づくと多くの方が「今年はこれができた」とか「あれをしておけばよかった」などと振り返るのではないでしょうか？

みなさんにお聞きしますが、1年を振り返ったときに、年初に立てた目標を達成できた／達成できなかったの違いは何だと思われますか？

　それはズバリ、目標の設定の仕方とスケジュール管理のテクニックの2つです。もし、年初に立てたスケジュールを100％達成したいと思った方は、この章で紹介する方法を試してみてください。

　この方法は、プライベートの目標はもちろん、仕事における中長期のスケジュールの立て方にも使えます。

小さいことからでいい、とにかく自分から行動してみる

　方法を紹介する前にお伝えしておきたいのが、第10章でも述べますが、**「夢は書くだけではかなわない、そんなに世の中は甘くない」**ということです。手帳やノートに対する考えは人それぞれですが、書くだけで引き寄せられるならば、これほど楽なことはありません。

　こんなことを言うと、「私は書いただけでかないました」という方も中にはいるかもしれません。しかし、それは対外的な要因が作用しているか、自分自身が知らずに行動をしたからです。

　ウィッシュリストのような魔法のノートがあって、それに書くだけで願いがかなうのであれば、誰もが簡単に幸せになれます。ところが、実際はそうではありません。書くだけではかないません。

　とはいえ、書いたほうがかなう確率が上がることは確かで

す。それは、**目標を視覚化することによって、これから解説するスケジュールが立てやすくなるからです。**

　私個人の好みの問題ですが、自分の人生を運任せにはしたくありません。なぜなら、すべてを運のせいにしてしまうと、何かを達成しても運のおかげだと思い、自信を持つことができなくなってしまうからです。

　目標がかなった、よい結果を得られたのは、自分が努力して行動したからと考えないと、いつか絶対にしんどくなります。

　特にビジネスにおいてはそうですよね。最後の最後で運任せにせざるを得ないことはありますが、やはり大事なのは行動力です。

　もし、みなさんが年初に立てた夢や目標をかなえたいのであれば、大事なことは次の2つです。**1つ目が、今の自分の身の丈に合った目標設定。2つ目は、その目標を達成するために行動を細分化して、スケジュールをしっかり立てて、着実に実行することです。**

　この2つをきちんとやることで基本的には夢がかないます。

　もし、毎年目標を立てたり、夢をウィッシュリストに書き出している人は、それを見返して、なぜ目標を達成できた／達成できなかったのか、夢をかなえられた／かなえられなかったのかを振り返ってみるとよいでしょう。もちろん、対外的な要因が作用してうまくいったケースもあるでしょうが、大半は、自分が達成可能なレベルに設定していたのと、気づかないうちに毎日一歩ずつ目標に向かって行動していたからです。これを無意識にやっている人もいるでしょうが、意識的にコントロール

できている人は目標達成率が非常に高くなります。

　それでは、どのようにやればいいのか？　さっそく解説していきます。

Check!

☑ **目標達成には、自分の能力や状況に合った目標設定と、それを細分化してスケジュールを立て、着実に行動することが重要**

☑ **毎日の積み重ねが目標達成につながるため、意識的な行動が成功への鍵となる**

爆速 Lesson

[役割別目標設定]

仕事だけでなく、
さまざまな視点で目標設定をしてみよう！

#01 個人目標（プライベート）

#02 個人目標（仕事）

#03 お父さん、お母さんとして

#04 お好きな役割をどうぞ！

カレーライスの作り方と
目標達成は同じ

目標達成とカレーライスの作り方には共通点があります。
どちらも細かく具体的な手順を踏むことが重要です。

必要な「具体的な手順」

具体的な書き方を解説する前に、まず基本的な話をさせていただきます。

みなさんは、カレーライスをどう作りますか？

そう聞かれたときに、頭の中にパッとレシピが浮かぶ人とそうでない人がいると思います。

作り方や材料がわかっている人は、カレーライスを作るという目標を達成できます。それに対して、普段料理をしない人や、カレーライスを作ったことがない人は、必要な食材や作り方がわからないから、作ることができません。

目標も同様です。**自分が「これがやりたい」「これがほしい」と思ったとしても、そのためには何が必要でどんな手順を踏まなければいけないのかがわかっていなければ、絶対に目標を達成することはできません。**

たとえば、自分の家族がたまたまカレーを作って持って来て

くれるといった外的要因がない限り、カレーを食べることができません。

では、ここでカレーの作り方を簡単に説明してみます。

まず1つ目の作り方から。材料は鶏肉、ニンジン、タマネギ、ジャガイモ、カレールー、水、油です。

作り方は、次の通りです。

1 ニンジン、タマネギ、ジャガイモを切る
2 鍋を熱して鶏肉を炒める、塩、コショウを少々加える
3 野菜を塩、コショウを加えて炒める
4 水を適量加えて、野菜が柔らかくなるまで煮込む
5 カレールーを入れて煮込む
6 お皿に盛ったご飯にかける

これを知れば、とりあえずはカレーを作れますよね。

次に2つ目の作り方です。

材料は、鶏肉300グラム、ニンジン1本、タマネギ1個、ジャガイモは2個、固形カレールー1箱、水は600ml、油は大さじ2杯。

作り方は、次の通りです。

1 玉ねぎを薄切り、ニンジンとジャガイモは一口サイズに切る
2 鍋に油を入れて熱して、塩、コショウを振った鶏肉を中火で炒める

3 鶏肉の表面に焼き色がついたらいったん取り出す

4 同じ鍋にタマネギを入れて、しんなりするまで炒める

5 ニンジン、ジャガイモ、塩、コショウを加えてさらに炒める

6 鶏肉を鍋に戻し、水を加えて中火で煮込む

7 沸騰したら、アクを取り除く

8 カレールーを細かく割って鍋に入れてかき混ぜながら溶かす

9 弱火で10分ほど煮込み、カレールーがよく混ざったら、火を止める

10 ご飯にかける

　いかがでしょうか？

　同じカレーの作り方ですが、1つ目の作り方と2つ目の作り方だとどちらがよりわかりやすいと思いますか。2つ目のほうが圧倒的に細かく説明しているから、確実に作れる気がしますよね。

　このように行動をなるべく細分化したり、数値化することによって、いったい何をいくつ準備しなければいけないのかがわかります。それに対して、行動を細分化しない、ざっくりとした状態ではじめてしまうと、途中で材料の買い忘れに気づいたり、出来上がりのクオリティに差が出てきます。

　これはカレーに限った話ではありません。プライベートもビジネスの中長期ビジョンであっても同様です。

　どのように細分化するのか？　次節から実際にノートを使ってやってみましょう。

☑ 目標達成やカレーライスの作り方では、細かく手順を分解し、具体的に行動することが必要

☑ 細分化された手順は、目標達成や料理の成功に直結し、計画の実行性を高める

爆速 Lesson

[Let's 目標細分化！]

P103で書いた目標を
3段階に細分化してみよう！

目標

細分化！

さらに細分化！

もうひとがんばり、細分化！

【テンプレート】
1カ月を4つに分ける

> 目標達成のために、1カ月を4つに分け、
> 細分化した数値目標をノートに書き込む方法を
> 解説します。目標と達成予定日を設定し、
> 週単位で具体的な行動を計画しましょう。

一番上に達成したい目標と、達成予定日を記す

　ノートはお好きなものを使っていただいてかまいません。このほかにExcelやNotionなどを使ってもPC上で作ってもいいでしょう。ここではノートに書く方法を解説します。

　今回のテンプレートは次の通りです（次ページ図05-01）。

　このノート術では1カ月を4週カウントしていますが、5週カウントでももちろんOKです。ポイントは1週間ごとにどのような行動をすべきかを明確にすることです。デイリータスクほど細かくならないので、長期の目標を追いやすくなります。

　この方法は仕事はもちろん、お子様の受験勉強計画や夏休みの宿題計画、ダイエット、トレーニングなど、幅広いシチュエーションで活用できます。ぜひ応用してみてください。

　110ページから詳しい書き方を解説していきますので、参考にしてください。しっかりとした計画を立てることで、効率的に目標を達成できるようになります。

図 05 - 01 テンプレート

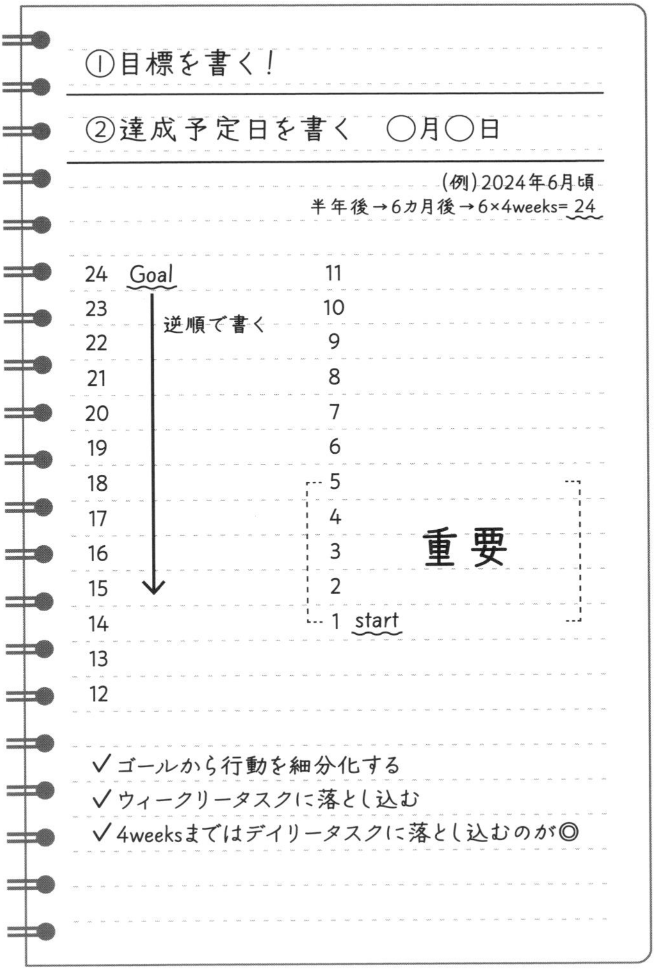

①目標を書く！

②達成予定日を書く　○月○日

(例) 2024年6月頃
半年後 → 6カ月後 → 6×4weeks= 24

24	Goal	11
23		10
22	逆順で書く	9
21		8
20		7
19		6
18		5
17		4
16		3	重要
15		2
14		1　start
13		
12		

✓ ゴールから行動を細分化する
✓ ウィークリータスクに落とし込む
✓ 4weeksまではデイリータスクに落とし込むのが◎

一番上に目標を書く

一番上に、目標を書きます。自分が1年以内に行きたいところ、買いたいもの、やりたいことなどを書きます。

目標の下に、それを達成したい日付を書きます。たとえば、私の場合であれば、YouTubeチャンネルの登録者数を1年後に10万人にするといったようなことです。

期日に対して数値を細分化していく

次に、数字を書いていきます。たとえば、目標を半年後に達成すると設定した場合、6カ月×4で24、1年後であれば12×4で48という数字を出します。つまり、**週単位で管理します**。

半年の場合は、下のスペースに、24から順に23、22、21……1と書いていきます。

書き終えたら、24のところに目標を達成するために最終的に必要なことを書きます。ここから行動を細分化して1のところまで書き込みます。

さて、目標が「YouTubeチャンネルの登録者数10万人」といった数値的なものであれば、書くのは比較的簡単です。たとえば、私のYouTubeチャンネルは本書を執筆している2024年5月の時点ですでに約6万5000人いますから、24のところに3万5000人と書き、3万5000人を24で割るだけです。

たとえば、会社や自分の担当部署の年間売上目標などは、このやり方で作れます。ただし、業界によって繁忙期や閑散期があるので、それを加味した売上設定をすることが必要になりま

す。

　あるいは、3年後、5年後の事業計画を作るときも、「5年後にこれくらいの事業規模にしたいから初年度はこれくらい売上を出そう、四半期はこれくらい売上が必要」などと決めるだけです。

　自分が立てた期日に対して、数値を細分化していくイメージです。

Check!

☑ テンプレートは1カ月を4つに分け、目標と達成予定日を書く

☑ 目標を週単位で細分化し、達成に向けて具体的な行動を計画

☑ ノートやデジタルツールを使い、数値目標を視覚化し、管理する

1〜2カ月やって
ムリそうなら軌道修正する

> 目標を達成するためには、計画を立てて行動する
> 必要がありますが、時には初期の目標設定が甘かったり、
> 期間が短すぎたりすることがあります。
> その場合、柔軟な対応が必要です。

プライベートの目標も計画に沿って考える

さて、少し話がずれますが、私は2023年には家族で沖縄旅行に行きたいという夢を持っていましたが、実現できませんでした。なぜ、実現できなかったのかというと、目標設定が甘かったからです。

2022年の年末に「来年は沖縄に家族旅行したい」となったのですが、最初に行く時期を8月に設定しました。ですから8カ月の時間があったのですが、家族4人で泊まりたいホテル、やりたいすごし方を実現するための予算が高すぎて、細分化したときに、お金を貯めることが難しいと判明しました。つまり、8カ月以上の時間が必要だったということです。

であれば、1年半あるいは2年程度に時間を延長すれば、1カ月あたりに貯める金額を減らせるから、実現できそうです。ですから、2024年の目標に変更しました。

家族イベントとなるとまだまだあります。

　2023年には夏休みに家族でキャンプに行く計画を立てました。目的地は滋賀県にある人気のキャンプ場、自然豊かで川遊びもできる、子連れには最高のロケーションです。

　7月には訪れる予定でしたが、動き始めたのは6月初旬。気づいたころにはもう予約でいっぱいでした。人気のキャンプ場など宿泊施設は、早ければ3カ月前に予約をしないとすぐに埋まってしまうケースが多いものです。これは完全に出遅れました。次回は予約日を忘れないようにと手帳に記入し、おかげで秋に訪れることができました。

1週間ごとの行動計画を考えるメリット

　もちろん、目標設定はプライベートのことだけに限りません。これは新型コロナウイルス感染症が世の中に流行し始めた頃の話です。

　私たちは四半期ごとの営業目標達成を目指し、数値化していました。しかし、2020年1月末にはコロナウイルス流行の影響や外的要因から大きく売上は落ち、年間目標どころか、月間目標も、1日の売上目標にも届かないという事態に陥りました。これは自分たちではコントロールできない状況です。限られたメンバーで、どうすれば現状打開できるのかすぐに方向修正をして、何とか乗り切ることができました。

　このように時間をかなえたい日付から逆算して細分化していき、1カ月目とか2カ月目の行動を見たときに、「これはムリ

113

かも……」「１カ月でこれだけ行動するのはしんどい……」などと感じたならば、目標を高く設定しすぎているか、あるいは、設定した期間が短すぎるかのいずれかです。そのままでは「絵に描いた餅」になってしまうので、失敗の確率が上がります。

細分化して初月・来月が厳しいようであれば、目標設定を下げるか、準備期間を引き延ばすかのいずれかをしましょう。

１週間ごとの行動計画にしておけば、１〜２カ月たった時点で、全体を俯瞰して、行動の進捗を確認できるので、早めに判断することができます。

この方法を実行することで、１週間ごとのムリのない行動が決まることで、ゴールまでの道筋が見えるため、目標を達成できる確率は大きく上がります。

Check!

☑ **目標達成のためには、初期の目標設定が適切かどうかを常に見直し、達成が難しくなった場合は目標や期間を修正することが重要**

☑ **週ごとの行動計画を立てることで、早期に状況を把握し、適切な対策を取ることができる**

できるだけ数値化すると行動しやすくなる

数字を具体化することで目標達成が容易になります。
ゲームの経験からも示されるように、
数字は計画的な行動を促します。

目標に向かって効果的に進む

次に、計画の精度をさらに上げたい方におすすめの方法を紹介します。それは**数字を記入する**ということです。

先ほどのカレーの作り方や沖縄旅行もそうでしたが、数字を記入することで、具体的な行動に移しやすくなります。たとえば、「○○円、貯めなければいけない」「○件、アポを取らなければいけない」「○万円、売上が必要だ」などと事前にわかっていれば、それを達成するための行動をしますよね。これは、小学校のテストの点数も同じです。数字があるからこそ、人間はそれに向かって進むことができるのです。

仮に世の中から、こうした数字をなくしてしまったら、多くのことが曖昧になってしまうでしょう。

ダイエットでも旅行でも、仕事であっても、数字を入れて行動を細分化するのがおすすめです。

みなさんの中には「ドラゴンクエスト」というゲームをプレイしたことがある人も多いと思います。ＲＰＧゲームでは、プレイヤーはモンスターを倒して経験値を獲得し、レベルアップすることで強くなります。しかし、強いモンスターに挑むには適正レベルが必要で、プレイヤーは具体的な数字を意識しながらゲームを進めていきます。たとえば、レベルアップに必要な経験値や、強い武器を買うために必要なお金などです。このように数字があるからこそ、目標達成に向けて計画的に行動することができます。

このＲＰＧゲームのプロセスは、目標設定においても具体的な数字を用いることの重要性を示しています。**数字があることで、目標に向かって効果的に進むことが可能になります。**

計画を立てただけで終わらせない

行動を立てたけれど、実行しないのでは意味がありません。最初の１カ月（４週間）がとても大事になります。

そこでやっていただきたいのは、**週単位ではなく、１日単位に細分化する**ことです。そうすることで、明日やることが決まるわけですから、行動しやすくなります。

行動を続けることで、先ほども述べたように、途中で軌道修正しなければいけないことに気づくこともありますが、大事なことは計画を立てただけで終わらせないことです。目標に向かって歩き出さなければ意味がありません。

本書では、ここまでずっと行動計画について解説してきましたが、多くの方が正直、面倒に感じたのではないでしょうか。

　確かにそれは否定しません。計画を考えたり、書き出すことには、それなりの時間と手間がかかります。しかし、これをやった人はかなり高い確率で目標を達成しています。

　ぜひ、がんばって取り組んでください。

Check!

☑ 目標を設定したら、計画を立てるだけでなく、具体的な行動に移すことが重要

☑ 細分化された行動計画に従い、日々の行動を進めていくことで、目標達成への道筋が見え、成功への確率が高まる

爆速 Lesson

[目標に具体的な数字を設定しよう！]

STEP 1　ざっくり目標を立てる！

STEP 2　数字目標や期日を書き込んで具体的にする！

☑ **title**

デジタルデバイス
MacBook AirとiPad

☑ **features**

「どこでもパワフル！ いつでもクリエイティブ！」

　どちらも軽量で持ち運びやすく、コンパクトなのにバッテリー持続時間も長いため、どこでも作業可能。特にiPadは直感的な操作性とApple Pencilとの組み合わせでメモやイラストも簡単に作成できるのがうれしい。MacBook AirとiPadの組み合わせで効率的な作業環境を実現できます。さらに、GoodNotesなどを外部出力してメンバーと共有すれば、ブレストにも大活躍。僕はアナログ管理（手帳やノート）も多いですが、実はNotion、Canva、Discordなどを活用するデジタル人間でもあります！

第6章

思考力を上げる

■YouTubeで解説した参考動画
【ノート術】人前で話す事が抜群に上手くなる方法と練習法
解説します・ロジカルシンキング|社会人の勉強【仕事術】
https://youtu.be/xVk3yiaTOfA?si=B6dyt8IWIIBiGkDs

ビジネスパーソンの
必須スキル「ロジカルシンキング」

「ロジカルシンキング」はビジネスにおいて欠かせない
スキルであり、その重要性は多くの書籍や研修で
取り上げられています。本章では、ロジカルシンキングの
基礎から実践まで、具体的な方法を解説します。

最重要のビジネススキルを手軽に学ぼう

　本書をお読みの方の多くはビジネスパーソンでしょうから、これまでに耳がタコができるくらい「ロジカルシンキング」という言葉を聞いたり、本で読んで学んだりしたことがあると思います。

　あるいは、もしあなたが新入社員や学生であったとしても、これからロジカルシンキングという言葉をたびたび耳にすることになりますし、実践を求められることにもなるでしょう。

　ロジカルシンキングは、マネジメントスキルと同じくらい重要なビジネススキルです。書店に行けば、ロジカルシンキングをテーマにしたビジネス書は山のようにありますし、セミナーや研修もたくさんあります。

　この章では、私自身の考えも交えながら、ロジカルシンキングをどうすれば身につけられるのかを実際にノートを使ったワークショップのやり方などを通じて説明します。

大きく２つに分けて、解説をします。

　まず１つ目は、「ロジカルシンキングとはいったい何なのか？」「なぜ重要なのか？」についてです。

　２つ目は実践編です。一般的に使用されているフレームワークではなく、私がおすすめするやり方をご紹介します。

そもそもロジカルシンキングとは？

　書店に並ぶロジカルシンキングの解説書を３冊ほどお読みいただけば、ロジカルシンキングがどういうものなのか、だいたいのことは特に苦もなく理解できます。

　みなさんもご存じの通り、ロジカルシンキングを一言でいうと論理的思考となるのですが、大まかにいうと次のようになります。

　　ものごとを体系的に整理し、道筋を立てて矛盾や飛躍がないように考える。

　これだけ聞いてもピンと来ない方もいらっしゃるでしょう。さらに、わかりやすくいうと、１つのテーマを決めて、「なぜ？」「どうすれば？」を繰り返しながら、ひたすら深掘りしていく思考法です。

　ロジカルシンキングと聞くと少し難しく感じるかもしれませんが、「パズルを完成させる」という目標に置き換えるとわか

りやすいかもしれません。

　パズルをどうやって完成させるか？　論理的に考えるとステップは次のような感じですね。

1 目標を設定する　　：パズルを完成させる

2 問題を観察する　　：パズルのピースをすべて見て、どんな
　　　　　　　　　　　　形や色があるか確認する

3 計画を立てる　　　：角のピースや辺のピースを先に見つけ
　　　　　　　　　　　　る。次に、色や形が似ているピースを
　　　　　　　　　　　　つなげていく

4 実行する　　　　　：計画にのっとって１つ１つのピースを
　　　　　　　　　　　　つなげていく

5 結果の確認と評価：パズルが完成したかの確認。もし完成
　　　　　　　　　　　　していなければ原因を特定し、修正する

　一般的にロジカルシンキングがよく使われるシチュエーション「課題の理解」をわかりやすいテーマで少し解説します。

状　　　況：友だちとけんかをしてしまった

課　　　題：どうしてけんかになったのか？　どうすれば仲
　　　　　　直りできるか理解したい

情 報 収 集：けんかの原因を考えてみる。何がきっかけ？
　　　　　　なぜ言い合いになった？

分　　　析：「おもちゃの取り合い」「言葉がきつかった」な
　　　　　　ど具体的な原因のリストアップ

深掘り分析：「なぜおもちゃの取り合いになったのか」お互い
　　　　　が同じおもちゃで遊びたかったから、利用可能
　　　　　なおもちゃに限りがあったから
　　　　　「なぜ言葉がきつくなったのか？」感情が高ぶっ
　　　　　ていたから。相手に自分の気持ちを理解しても
　　　　　らいたかったから
　　　　　「なぜ相手に自分の気持ちを理解してもらいた
　　　　　かったのか？」気持ちを認めてもらうことで、
　　　　　問題が解決すると思ったから

〈改善策〉
コミュニケーションスキルの向上
共有ルールの設定
順番待ちシステム

　いかがでしょうか？　仕事として考えると少し難しく感じる
かもしれませんが、意外とシンプルな発想法なんです。

　では、仕事の場面でのロジカルシンキングについて見てみま
しょう。
　たとえば、社内の幹部会議で、あるお店の店長が次のように
発表したとします。

「今回の売上は対前年比110％でした。予算を達成しました」

　これを聞いて、「へぇ、すごいなあ！」と他人事で終わらせ

てしまうと、まったく成長することはありません。

　ところが、ロジカルシンキングを身につけていれば、「なぜ、その店舗の売上はよかったのかな？」と、**１つのテーマに対して「なぜ？」を繰り返しながら、理由を深く探究できるため、自分が実行するときに、具体的なアイデアや方法を取り入れることができるようになります。**

　また、売上に限らず、会議で何気なく発言された「私の店舗はスタッフ同士がとても仲がいいんです」といった一言が、実はその組織やチーム内のコミュニケーション改善に役立つアイデアを見つける手がかりになり得るのです。このような発言からは、効果的なチームワークや良好な職場環境を築くための要素を探求することができます。

　このほか街を歩いていて、繁華街の一等地に新しく開店したお店の看板が、歩行者の注目を引く要因になっていたならば、「その看板がなぜ注目を集めているのか」を分析することで、マーケティングや広告戦略に役立つヒントを得られる可能性があります。看板のデザイン、色使い、フォント（書体）の種類など、具体的な要素を分析することで、人々の注意を惹きつける効果的な手法を理解できるのです。

　さらに、電車の吊り革広告に思わず惹きつけられた際、「自分がその広告を見てしまった理由は何か？　色？　フォント？　デザイン？」など、どの要素が自分を惹きつけたのかを自問自答することで、効果的な広告の特徴を理解し、これを自分の業務に応用することが可能になるでしょう。

このように、ロジカルシンキングは、目の前の情報や出来事を深く分析し、それらから論理的な結論を導き出す過程です。数値やデータの分析だけでなく、日常の観察から得られる洞察もまた、問題解決やアイデア生成に役立てることができるのが魅力です。

ロジカルシンキングを習慣化する

　ロジカルシンキングが身につくと、結果的にいろいろなビジネススキルが上がってきます。

　たとえば、問題解決能力とか、分析力、説明力などが上がります。説明する能力が上がると、それにともなってコミュニケーション能力も上がります。

　ここまでお読みになると、みなさんもロジカルシンキングをしっかり身につけたいと思われるのではないでしょうか。

　ところが、ロジカルシンキングの解説書を読んだり、セミナーを受講しても、（ある程度理解はできるでしょうが）身につけることはできませんし、実践することもできません。

　たとえば、肩が凝ったのでマッサージに行ったとします。マッサージを受けると、そのときは身体はとても楽になります。ただし、家に帰って寝て、次の日に仕事をすると、終業の頃には、また肩が凝ります。みなさんも同じような経験があるのではないでしょうか。

　同じように、セミナーに行くと、そのときは「ロジカルシン

キングができた」気になれます。しかし、習慣化できなければ、2〜3日もすれば元通りに戻ってしまいます。

そこで重要になるのが、「どうすれば習慣化できるのか?」ということです。

次節から、私が実践している方法を説明します。

爆速Lesson

[ロジカルシンキングチャレンジ 初級]

簡単なテーマを3段階で深掘りしてみよう!

テーマ:なぜ仕事をしないといけないのか?

Why 01

Why 02

Why 03

あなたの答えは何ですか?

【実践編】
「なぜ?」で深掘りする

> 「なぜ?」で深掘りすることは、ロジカルシンキングを
> 磨くための基本的な方法です。テーマに対して何度も
> 「なぜ?」と問いかけ、仮説を立てることで、
> 説明力やプレゼン力を向上させることができます。

1つのテーマに「W」を5回繰り返して掘り下げる

ここからは実践編です。書籍やセミナーで紹介される一般的なフレームワークの考え方を解説してから、私自身がおすすめする方法を解説します。

まず、A4サイズの紙・ノートの一番上にテーマを書きます。左端に「W1」「W2」……「W5」と書きます（次ページ図06-01）。

この方法は一般的に「トヨタ式」と呼ばれる分析方法です。ロジカルシンキングのワークショップでよく使用される方法の1つで、この型をベースにすることで、問題をより深く、そして幅広く分析できます。具体的には、「Why（なぜ?）」を5回繰り返して根本原因を突きとめることが特徴です。この手法を使えば、問題の本質を見抜き、効果的な解決策を見つけることができます。私の大好きなフレームワークの1つです。

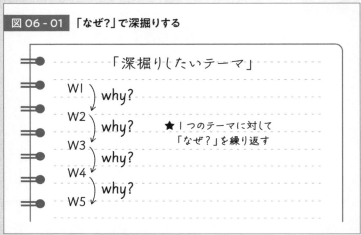

図 06 - 01　「なぜ?」で深掘りする

「深掘りしたいテーマ」

W1 ⟩ why?
W2 ⟩ why?　★1つのテーマに対して
W3 ⟩ why?　　「なぜ?」を繰り返す
W4 ⟩ why?
W5

「W」を5回繰り返して掘り下げる

　テーマは何でもかまいません。たとえば、ここでは「A君が速く走れる理由」について考えてみます。

　左端の「W」は「Why（なぜ?）」を意味します。

　「なぜA君は速く走れるのか?」と理由を考えて書き出します。たとえば「W1」には「毎日練習しているから」と書いたとします。次の「W2」では問いを「なぜ、毎日練習しているのか?」として、それに対する仮説を書きます。W3以降も同じように、問いと仮説を繰り返します（次ページ図06-02）。

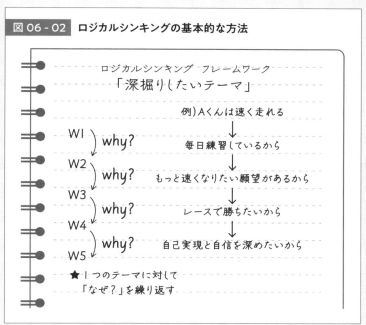

図 06 - 02　ロジカルシンキングの基本的な方法

ロジカルシンキング　フレームワーク
「深掘りしたいテーマ」

例）Aくんは速く走れる
↓
W1 ⎰ why?　毎日練習しているから
W2 ⎱ why?　もっと速くなりたい願望があるから
W3 ⎰ why?　レースで勝ちたいから
W4 ⎱ why?　自己実現と自信を深めたいから
W5
★1つのテーマに対して
「なぜ？」を繰り返す

1つのテーマに対して「W（なぜ？）」を5回繰り返して掘り下げる

　このように1つのテーマに対して「W（なぜ？）」を5回繰り返して掘り下げるのが、ロジカルシンキングの基本的な方法です。

　このように考えることで、ほかの人から「A君がなぜ速く走れると思う？」と聞かれたときに、「毎日練習しているからでしょ」で終わらずに、「A君はオリンピックで金メダルを取りたいようだ。オリンピックに出場するためには、その前にインターハイに出場する必要がある。だからいつも練習している。結果、速くなった」というように、同じテーマに対して、語れ

る内容が増えます。

　その結果、話が相手に伝わりやすくなったり、説明力、プレゼン力も上がるでしょう。ですから、ノートを使ってロジカルシンキングを練習するときは、基本的には「Why（なぜ？）」を5回繰り返すので十分です。

仮説を横展開する

　この縦方向の深掘りができるようになったら、次は横方向への展開です。最初の「W1」の段階で、4〜5つの案・仮説を出すようにします。

　たとえば、「なぜA君は速く走れるのか？」では、先ほどは「W1」で「毎日練習しているから」とだけ書いて、「W2」に進みましたが、今度は「W1」の段階で複数の案を出します（次ページ図06-03）。

「プロアスリート用のシューズを使っているから」
「ご両親が元オリンピック選手だったから」
「天性の負けず嫌いだから」

図 06 - 03　仮説を横展開する

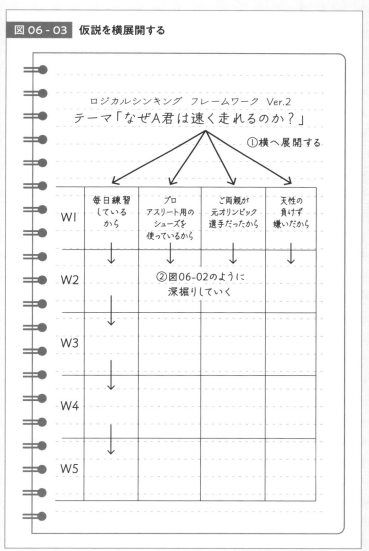

ロジカルシンキング　フレームワーク　Ver.2
テーマ「なぜA君は速く走れるのか？」

①横へ展開する

	毎日練習しているから	プロアスリート用のシューズを使っているから	ご両親が元オリンピック選手だったから	天性の負けず嫌いだから
W1				
W2	↓	②図06-02のように深掘りしていく		
W3	↓			
W4	↓			
W5	↓			

W1で4～5つの案・仮説を出す

このように4～5つ考えられる要素を出したあとに、それぞれを「W2」「W3」……と深く掘り下げていくのです。

　最初に紹介した基本的なロジカルシンキングでは、「W1」のパターンは1つだけだったので縦方向に深掘りしても5つしか考えが出なかったのに対して、横方向に仮説パターンを展開することで20～25個の考えを出すことができます。

　ロジカルシンキングが得意な方や慣れている人は1つのテーマを深掘りするだけでなく、このように横方向にも思考を展開しているのです。

Check!

☑ ロジカルシンキングを磨くためには、「なぜ？」と問いかけることが重要。テーマを設定し、「なぜ？」を5回繰り返して仮説を立てていく

☑ 縦方向の深掘りに慣れたら、次に横方向への展開を行なう。最初の「なぜ？」（W1）の段階で、4～5つの異なる仮説を立て、それぞれをさらに深掘りしていく

☑ 縦横に思考を展開することで、1つのテーマに対してより多くのアイデアや仮説を出すことができる

「自分の嫌いなもの」が ロジカルシンキングの 能力を高めてくれる

ロジカルシンキングを高めるための方法はさまざまですが、
自分の嫌いなものをテーマに2000文字の
文章を書くことが効果的な手段の1つです。

多角的な思考ができるようになる

　本来ロジカルシンキングはとてもシンプルなものです。A4
の紙1枚に20個（4×5）のボックスを書くだけで、誰でも
深掘りすることができます。

　しかし、これだけシンプルであるにもかかわらず、身につけ
ることはとても難しいです。そこでこの節では、私がおすすめ
するもう1つの方法も紹介しておきます。

　私が考える、ロジカルシンキングをするための最も効果的な
方法は、原稿用紙、または縦の罫線が引かれている国語ノート
と鉛筆を使って、みなさんが嫌いな食べ物をテーマに2000文
字の文章を書くというものです。

　これを繰り返すことで、ロジカルシンキングを身につけるこ
とができます。

　信じられないという方もいるかもしれませんので、理由を説

明します。

　たとえば、私の場合、餡子が本当に嫌いで食べられません。そもそもみなさんは、嫌いな食べ物のことを真剣に考えることはありますか？　人間は自分が好きなものごとであれば集中できますが、嫌いなものごとからは目を背けます。それにもかかわらず、あえて嫌いな食べ物にフォーカスして2000文字の文章を書かなければならないというミッションを自分に与えます。

　すると、私が餡子を食べられない理由は、味なのか、色なのか、香りなのか。あるいは、自分が餡子を嫌いになったきっかけとなった出来事、嫌いになった年齢など、時間をさかのぼって考えることもあるでしょう。つまり、**さまざまな角度の視点から、ものごとを深く考えていくようになります。**

　確かに、1つのテーマを5段階で深掘りするというフレームワークはとてもいいのですが、習慣化するという観点からは、自分が嫌いなもの（食べ物、乗り物など）をテーマに2000文字書くことを2週間に1度実施することのほうが効果的で、これによりロジカルシンキングの能力が飛躍的にアップします。

　ルールは特にありません。ただ書くだけです。

　書くときは必ず鉛筆を使ってください。鉛筆を使うと書き損じたり、文章を書き直すときに、消しゴムを使わなければいけません。パソコンやスマホで文章を書くのに比べると格段に面倒です。

　だからこそ、書く前に一度、頭の中で言葉や文章をしっかり

作ることになります。自分とじっくり向き合って作業をすることで、考える習慣が身につきます。

　私自身は、フレームワークを使うよりも、こちらの方法のほうが圧倒的にロジカルシンキングが身につくと思っています。

　また、今まで紹介したノート術とは真逆の方法にはなりますが、ChatGPTを活用するのも非常におすすめです。

　たとえば「マラソン選手が疲れにくい理由を、なぜ？　を5回繰り返して深掘りして」と聞くと瞬時に答えてくれます。そこで、ChatGPTに答えを聞く前に、一度自分でノートに書き出し、ChatGPTの答えと比較すると頭の体操になります。僕は夜お酒を飲みながらアテ代わりにこのトレーニングをしています。

Check!

☑ ロジカルシンキングの能力向上には、自分の嫌いなものをテーマに2000文字の文章を書くことが効果的

☑ この方法は、さまざまな視点から問題を考える習慣を身につけることができるため、ロジカルシンキングを深める上で有効

ロジカルシンキングが
身につくとどうなる?

ロジカルシンキングが身につくと、日常生活の中で
疑問を感じるようになり、それに対して深掘りする
姿勢が自然と身につくようになります。

私がロジカルシンキングを身につけられた瞬間

さて、みなさんが知りたいのは、「この方法を続けたとして、
ロジカルシンキングがいつ身につくのか?」だと思います。

どんなときに、自分がロジカルシンキングを身につけたこと
を実感できるのでしょうか?

私自身の体験をお話ししましょう。

ある日、子どもとテーマパークに行きました。おみやげ店に
入った瞬間に次のことが頭に浮かびました。

・今、スタッフが4人いる
・おそらく時給は○○円くらい
・すると人件費は○○円くらい
・今、店内には5人お客さんがいる
・それぞれ○○円くらいの品物をかごに入れている
・だから、平均客単価は○○円くらい

このように、「なぜこういう値段なのか？」「なぜこの人件費で利益を出せているのか？」などといったことが瞬間的に考えられたとき、私は初めてロジカルシンキングを身につけられたと感じました。

深掘りする習慣が生活を変えていく

　ロジカルシンキングの身につき始めの兆候として、たとえば通勤途中に今まで何気なく眺めていた風景に対して「あれ？何でだろう？」と疑問を感じるようになることがあげられます。これまで見すごしていた、あるいは意識していなかった風景の中の「特定な要素」に対して、「なぜそうなったのか？」と、その背後にある理由や原因を考え始めるのです。**日常生活の中で自然と疑問を感じ、その答えを探し出そうとする姿勢こそ、ロジカルシンキングの基本的なスキル**が身についていることを示していると考えます。

　これは、「なぜ？」を繰り返す深掘りはしていませんが、ものごとに興味があるから考えることができるのです。

　結局ロジカルシンキングは、テーマに対して自分が疑問に感じたことを明確にして、深掘りする習慣が身についていないとできないのです。

　極端な話、フレームワークなど知らなくても、ものごとに興味を持つようにすれば、結果、自分で深掘りして考えられるようになります。

とはいえ、私をはじめ多くの人には難しいでしょうから、まずは今回紹介したノート術で、深掘りする習慣を身につけることから始めてみてください。

Check!

☑ ロジカルシンキングが身につく兆候は、日常の風景や出来事に対して疑問を持ち、その背後にある理由や原因を考える姿勢が自然と生まれること

☑ 結局のところ、興味を持ち、疑問を抱くことがロジカルシンキングの基本的なスキルを身につける第一歩となる

爆速Lesson

[ロジカルシンキングチャレンジ 中級]

p126のテーマに再チャレンジ！ 次は5段階深掘り！

テーマ：なぜ仕事をしないといけないのか？

Why 01
_____

Why 02
_____

Why 03
_____

Why 04
_____

Why 05
_____

より深い考えと出合えましたか？

☑ **title**

手帳
ほぼ日手帳カズン

☑ **features**

「The Future Isn't Written.」

　日々の予定管理はもちろん、メモや日記、アイデアの記録にも最適。毎日
1ページのレイアウトで、自由度が高く使い方は無限大。耐久性のあるカ
バーと豊富なデザインバリエーションが魅力。使いやすさとデザイン性を兼
ね備えた手帳として、多くのユーザーに愛用されているのもうなずけます。さ
まざまなサイズの手帳、システム手帳を使ってきましたが、カズンが一番合
いますね。短期から長期までスケジュール管理がとにかくしやすいです。

※ちなみに一番好きな映画『バック・トゥ・ザ・フューチャー』のカバーには、イベントでド
　クにサインをしてもらいました。宝物で使えない!

撮影環境

第7章

発想力を上げる

■YouTubeで解説した参考動画

【ノート術】A4用紙たった1枚で企画とアイデアを大量生産する
書き方/社会人の勉強【手帳術】

https://youtu.be/36uweWgmCFk?si=JTxqY3JDL3tqXM2R

A4用紙1枚で
アイデアを出す

アイデアや企画を出すための方法は数多くありますが、
A4用紙1枚を使った独自の手法もあります。
この章では、その方法を紹介します。

考え方と実践方法を紹介

アイデアや企画を出す方法は、「SCAMPAR法」「オズボーンのチェックリスト」など、世の中にたくさんの手法やフレームワークがありますが、これまでと同様にA4用紙1枚を使った私独自の方法を紹介します。

この章は、前半・後半の大きく2つのパートに分かれます。

前半は、アイデア・企画を作るために大切な考え方、後半は、実際の方法となります。特に、前半の考え方はとても重要なので、繰り返しお読みいただき、しっかり理解したうえで後半に進んでいただくのがよいと思います。

企画・アイデアを出すための心がまえ

みなさんに質問です。

ボールを真っ直ぐに投げることはできますか？

実は、私はボールを真っ直ぐに投げることができません。ものすごく苦手です。

　どういうことかというと、ボールを真っ直ぐに投げるためには投げ方を知らなければなりません。野球をやっている人であれば、投げ方を知っているので投げられますよね。でも、私は知らないので、真っ直ぐにボールを飛ばすことができません。

　アイデアや企画を出すこともこれと同じです。出し方を知らないと、頭の中から引き出すことができません。どれだけ考えたり、悩んでも出せません。

　アイデアの出し方、作り方を知りたければ、ジェームス・W・ヤングという人が書いた『アイデアのつくり方』（ＣＣＣメディアハウス）という本だけ読めば十分です。今、世の中にあるアイデア創出法をうたうすべての教材（書籍、セミナーなど）は、この本で紹介されている方法から派生したものです。

　まずはこの本を読んで考え方を理解していただいたうえで、実践するようにしてください。そうしないと結果は出ません。

　『アイデアのつくり方』には、そのタイトルの通り「アイデアをどう生み出していくのか？」の思考法とその原理がわかりやすく解説されています。読むと「知ってる！　確かにそう！」と感じるかもしれませんが、それを言語化したうえで詳しく分析されているので、より論理的にアイデアや企画の作り方が学べるようになっています。

　この本は、非常に薄いにもかかわらず、内容は濃い。小一時間もあれば読めるので、社会人であればぜひ一度は読み込んでいただきたいです。今回、私が紹介しているアイデア出しのテ

クニックは、この本で解説されている「材料の収集と要素の組み合わせ」についてフォーカスしています。

このほかに、アイデアを作るうえで大切なポイントが3つあります。
1つ目は、アンテナを張ること。
2つ目は、疑問を持つこと。
3つ目は、ものごとを俯瞰的に捉えること。
実は、ほかにも細かいことはありますが、まずはこの3つだけ押さえておけば十分です。

Check!

☑ **アイデアを出す際に重要なのは、出し方を知ること。そのためには『アイデアのつくり方』などの本を読み、考え方を理解することが大切**

☑ **アイデアの生み出し方やその原理がわかると、論理的にアイデアを作り出すことができる**

☑ **アンテナを張り、疑問を持ち、俯瞰的に物事を捉えることも重要**

【テンプレート】
アイデアの出し方

テンプレートを作成し、年齢ごとにキーワードを記入し、
それらを組み合わせることで、新しい企画や発想が
生まれます。具体的なテンプレートの作成手順と
その活用法を紹介します。

テンプレートの作成手順

さっそく実践しましょう。まずテンプレートを作成します。

今回は、Ａ４サイズの紙の長辺を横方向にして使います。まず左右中央あたりに縦線を引いて２分割します。そして、上から１センチほど隙間を空けて横方向に１本線を引きます。

次に左右のブロックそれぞれの中央に縦線を引きます。これ全体が４つのブロックに分割されました。

次は、縦線３本の真ん中あたりに横線を１本引き、その下１センチほどのところに横線をもう１本引きます。

これで全体が８つのブロックに分割されましたね。

次に、一番上のスペースの左端から順に、5、10、15、20を書いて、中央のスペースにも左端から25、30、35、40と記入します。

最後に８つのブロックそれぞれの中央に縦線を引きます。

これで完成です（次ページ図07-01）。

図 07 - 01　テンプレート

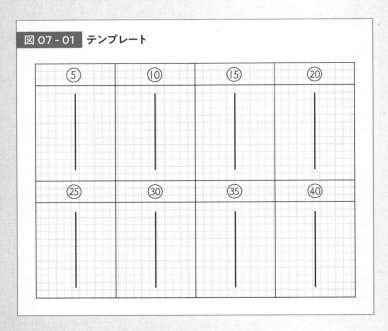

年齢ごとにキーワードを書き出す

　図に記入した5〜40の数字は年齢です。

　たとえば、5は5歳前後、つまり未就学児のことです。10は小学生、15は中高生など、要は年齢層ごとにブロックを作っています（年齢層は、これくらいざっくり分けるのでかまいません）。

　各ブロックにはその年齢層の人が好きなキーワードを書きます。

　たとえば、5歳の子どもは「プリキュア」などが好きです。ただし、固有名詞だけでなく、さまざまな視点やカテゴリーで

キーワードを広げていきます（この場合は「アニメ」と書いています）。

同じ要領で「プリキュア」はバトルアニメで、登場キャラクターは「女の子」なので、1つのキーワードを分解しながら連想キーワードを書き込みます。ある程度連想できたら、違ったキーワードを書きます。この繰り返しで5歳児の好きな物事を分解していきます（図07-02）。

図 07 - 02　年齢ごとにキーワードを書き出す

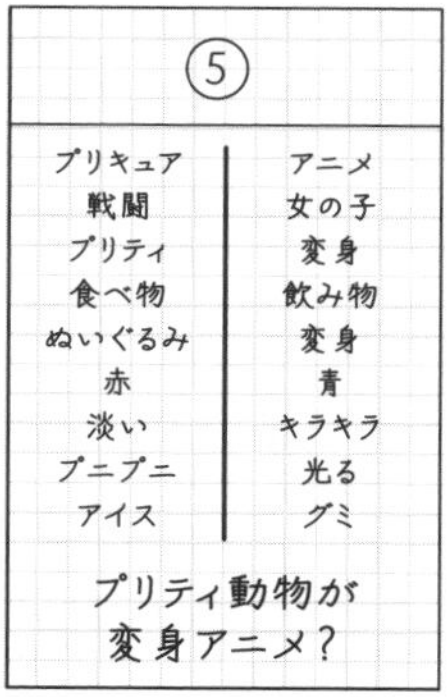

⑤

プリキュア	アニメ
戦闘	女の子
プリティ	変身
食べ物	飲み物
ぬいぐるみ	変身
赤	青
淡い	キラキラ
プニプニ	光る
アイス	グミ

プリティ動物が
変身アニメ？

5歳児の好きなもの

この要領で、ほかのブロックにも各年齢層から連想されるキーワードをどんどん書いてきます。まずは思いつくままにテンプレートを埋めましょう。すると、次のようになるはずです（図07-03）。

図 07-03　テンプレートを40まで記入

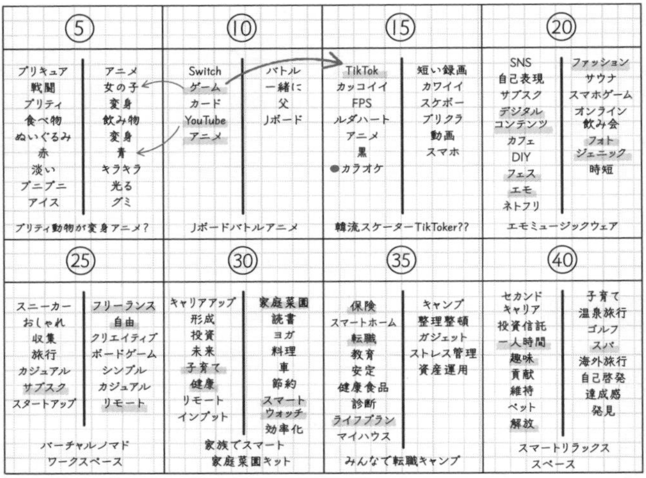

実際には45歳～80歳くらいまでのブロックを用意する

　ここでは、40歳までにしていますが、実際には45歳〜80歳くらいまでのブロックも用意するとよいでしょう。

キーワードを組み合わせて新しいキーワードを作る

　次にやることは、各ブロックに書き出したキーワード同士を組み合わせて新しいキーワードを作ります。

　たとえば、5のブロックにあるキーワードを使って、「プリティ」な「動物」が「戦闘」する「アニメ」とか、「キラキラ」「光る」「グミ」など、キーワードを組み合わせて、5歳児が好

きそうな言葉を考えます。

「ぬいぐるみ」が「変身」する「アニメ」として、そのアニメに登場するキャラクターが「赤」い服を着ていたりなどです。

　各世代が好きなキーワードを組み合わせて、さらに強力なキーワードを作ることが、企画のタネになります。

　各世代が好きなもの、流行っているものの中にヒントがあります。

　キーワードを組み合わせる際に、全体を見て、世代は異なっても共通しているキーワードやカテゴリーがあったりするので、それを抽出するのもよいでしょう。

　たとえば、YouTubeであれば、各世代に関係なく観られていますし、アニメやマンガ、ゲームだって幅広い世代の人が楽しんでいます。

　このようにしてアイデア出しをした結果を、スキャンしてPCやタブレットで管理するとよいでしょう。

　書いたことがヒットするかどうかはアイデアを出している時点ではまったくわかりません。だから、ひとまず数をたくさん出すことを心がけましょう。正解のないアイデア出しの世界で、一番大事なのは数です。

　現在、私が運営しているコミュニティ「Bizque－ビジネススキルクエスト」でもこのアイデアの出し方は常に活用しています。

　たとえば、コミュニティサービスの１つ「セミナー」。いわ

ゆる、勉強会ですね。私はこの言葉の響きがあまり好きではありません。もちろん否定しているわけではないのですが、私は、コミュニティコンセプトとして「ゲーム感覚でビジネススキルを身につける」を掲げています。ですから、「セミナー」「勉強会」という響きはふさわしくありません。では、どんな名称がいいのでしょうか？

　ここでアイデアの作り方の出番です。

30代後半から40代前半のメンバーを対象にした
プレゼン力を学ぶセミナーを企画したい
　↓
よりワクワクするイメージを持たせたい
　↓
プレゼンする題材やイベントで何か世の中に
面白いものはないか？
　↓
リサーチ
　↓
ビブリオバトル（好きな書籍をプレゼンするイベント）
　↓
よりターゲット層が楽しめる内容にしたい
　↓
ターゲット世代に聞き馴染みのある言葉のリサーチから
「天下一」を選ぶ
　↓
組み合わせる「天下一ビブリオバトル」

↓

コピーを考える

「愛する本への熱き想いを5分間に解き放て！」

　　　↓

再度組み合わせる

「愛する本への熱き想いを5分間に解き放て！
天下一ビブリオバトル」

　いかがでしょうか？

　普通にネーミングしたら「社会人のためのプレゼンスキル向上セミナー」とどこにでもありそうなものになるところが、一気に引きのある言葉に変わりました。

　もちろん、好き嫌いはあるかと思いますが、同じプレゼンを学ぶ場でも大きく見え方が変わりますよね？　これぞ企画力・発想力です。

> **Check!**
>
> ☑ 年齢ごとのキーワードを組み合わせて新しいアイデアを生み出す方法は、テンプレートを作成することから始まる
>
> ☑ その後、各世代のキーワードを組み合わせて新しいキーワードを生み出し、企画やアイデアのタネとなる
>
> ☑ この方法を通じて、普段見落としがちなアイデアも発見できる

☑ **title**

企画用ノート
ロルバーンポケット付メモ L サイズ
Supernote Nomad

☑ **features**

「収束と発散」

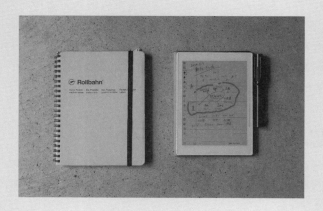

　　ロルバーンポケット付メモ L サイズと Supernote Nomad は、アナログとデジタルの利便性を兼ね備えたノート。ロルバーンは厚みのあるしっかりとした紙質と、大容量ポケットが特徴。リング綴じで180度開き、自由な書き心地を提供してくれます。Supernote Nomad は、紙のような書き心地のデジタルノート。手書きの感覚を大切にしつつ、デジタルデータとして保存・共有が可能です。両者を組み合わせることで、柔軟で効率的な情報管理が実現できます。YouTube の企画はロルバーンに、コミュニティの企画は Supernote に書いています！

第 8 章

仕事を早く覚えるための
最強メモ術

■ YouTubeで解説した参考動画
【ノート術】仕事知識を確実にアウトプットするメモの取り方と
書き方【仕事効率】
https://youtu.be/il1KZtFDA6U?si=x6EFsDX8R_HDcr1E

そのメモは、あとで見直したときにわかりますか?

新しい仕事や職場でメモをとることはシンプルなようで、
実は難しいことです。この章では、効果的なメモ術を
紹介し、情報の整理とアウトプットの効率化を図ります。

新しいことを覚えなければならないときに

みなさんの多くは若い頃に、上司から「メモをとりなさい」と言われたことがあると思います。あるいは、みなさんが自分の部下に「メモをとりなさい」と言っているかもしれません。

新しい仕事を担当するときや、新しい職種や立場に変わったときは、キャリアの有無にかかわらず、「メモをとりなさい」と言われるでしょう。

メモをとること自体はとてもシンプルなことなのですが、この章で紹介するメモ術を身につけることで、アウトプットの効率がより高まります。

今回紹介するメモ術はタスク管理をするためのものではなく、これまでやったことがない作業など、新しいことを覚えなければいけないときのためのものです。

こんなシチュエーションを想像してみてください。

あなたが新しいアルバイト先で初めてレジ締めをすることになったとします。リーダーに呼ばれて次のように言われます。

「○○さん、もうだいぶ職場に慣れてきたと思うので、今日はレジ締めを教えますね。そんなに難しくありませんが、メモをとっておいてくださいね」

　そこで、あなたはメモをとる準備をします。
　リーダーが次のように説明してくれます。

「まずこのキーを押してレジの現金と点検レシートの金額を照合して、問題なければ精算キーを押して、パスワード××××を入力して……」

　あなたは書き洩らすまいと、必死でメモをとります。
　リーダーは説明を続けます。

「上から2つ目の列の、この3つ目のボタンを押してください……」

　このように、こちらが理解できていようがいまいがおかまいなく怒涛のようにふりかかってくる、すでにその作業をよく知っている人にありがちな身勝手な説明です。
　このような説明を受けた経験は、みなさんもあるでしょう。

さて、話を戻します。

　ようやくレジ締めの説明が終わったと思ったら、リーダーは続けて入金処理についての説明を始めました。

「このお店はモールに入っているから、毎日、入金しないといけないのね。だから、２階の雑貨屋さんの横にあるドアから従業員通路に入って、エレベーターで３階に行ってください。エレベーターを出て左に曲がると事務局があるので、そこで担当の田中さんか佐藤さんがいます。で、田中さんは２人いるので、花子さんのほうね……」

　このようにレジ締めの一連の手順を教わり、何とか書き留めたと思ったのもつかの間、そのあとにも怒涛のように説明ラッシュが続きました。

　疲れ切って帰宅したあなたは「明日はレジ締めをできるようにがんばろう」と思い、その日は寝て、翌日いつも通り出勤しました。

　お店が閉まって、リーダーから「○○さん、今日はレジ締めをやってください。昨日の説明のメモをとっていましたよね」と言われました。

　あなたは、昨日とったメモを取り出して、確認すると、もうわけのわからない走り書きの文字と図形がぐちゃぐちゃに並んでいました（次ページ図08-01）。

図 08 - 01　昨日とったメモ

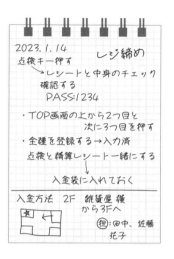

走り書きの文字と図形がぐちゃぐちゃに並んでいる

情報量が多すぎて、何を書いたのか自分で理解できない

　こんなことはよくありますよね。

　説明を聞いているときは、とにかく重要なポイントだけでも書かなければいけないと一生懸命にメモをとるのですが、説明の情報量が多すぎて、それを必死で書き留めたので、見返しても結局何が書かれているのかがわからないメモになっている。

　肝心なことがわからないから、行動しているときに抜けがあって、それをまた聞かなければいけない。つまり、二度手間になってしまいます。

これはいわゆる「新人あるある」です。仕事に慣れてしまえ
ばいいのですが、慣れるまでに時間がかかりますし、マニュア
ルが用意されている現場は実は少なかったりします。あるい
は、マニュアルがあったとしても、仕事に慣れている人はそれ
を使って新人に教えるのは面倒なので、「マニュアル通りでな
くていいから、とりあえず今から教えるやり方でやってみて」
という教え方をしがちです。

　順番に教えてくれればいいのですが、そもそも説明上手な人
は世の中には少ないので、説明されるときに時系列が反転現象
を起こすことが多かったりします。

　だから、そういうことも相まって、メモの内容がめちゃく
ちゃになってしまうことはよくあります。

　このような場合、どうしたらよいのでしょうか？

Check!

☑ 新しい仕事や作業を覚える際、メモは重要ですが、情報
　量が多すぎてわかりにくいメモをとってしまうことは
　よくある問題

☑ 説明が速くてわかりにくかったり、時系列が逆転したり
　すると、メモの整理が難しくなります。そのため、効果的
　なメモ術を身につけることが重要

記録用と整理用のメモの
2冊を用意する

インプットした情報を整理し、アウトプットするために、
記録用と整理用の2冊のメモを用意します。
走り書きの1冊目のメモを整理し、情報の抜け漏れを
防ぐために、2冊目のメモを活用します。

帰宅後に2冊目のメモに清書で書き写す

前項の問題の解決策を説明していきましょう。インプットしたことをアウトプットするために、2冊目のメモを用意するのです。

2冊目のメモを使うには、まず1冊目のメモの書き方がとても大切になってきます。

先ほども述べましたが、1冊目のメモはどうしても急いで書くので、走り書きになっていたり、重要なポイントしか書いていなかったりするので、話の行間が抜け落ちていることが多いです。

問題はこの走り書きの1冊目のメモは、時間がたてばたつほど、何が書いてあるのかが自分でもわからなくなってしまうということです。

理由は、教えてもらったタイミングで書いたものは、時間が

たつとその瞬間の記憶が抜け落ちてしまうからです。

　毎日その仕事をこなして慣れていけば、思い出して書くことができます。

　たとえば、あなたがリーダーで「レジ締めのやり方を書いて」と言われれば、毎日やっていることなので、苦労せずに書けるでしょう。

　しかし、新人の頃は新しい知識が身についていないので、教えてもらってから時間がたてばたつほど忘れてしまい、メモをちゃんと書いていなければ、何を書いているかがわからなくなってしまうわけです。

　だから、教えてもらった日の、勤務時間中の落ち着いた時間帯、あるいは帰宅後に、1冊目のメモの内容を2冊目のメモに清書するようにします。

　できるだけ落ち着いた環境で記憶をたどりながら、「①点検キーを押す」「②次の画面でパスワードを入れる」など、番号を振りながら箇条書きでやるべきことを書いていきます（次ページ図08-02）。

　おもちゃ箱にトレイを設置し、人形、トミカ、ブロックのように仕分けするイメージです。情報が整理されることで、見やすく、把握しやすくなります。

　書き方は、まずメモの一番上には、タイトル（覚えるべきこと）を書きます。たとえば、レジ締めであれば、「レジ締め」とタイトルを書いて教わった手順を書きますし、そのあとの入金であれば別のページに改めて「入金方法」とタイトルを書いて、教わったことを書きます。

清書するかしないかで、あなたの仕事の質は大きく変わります。

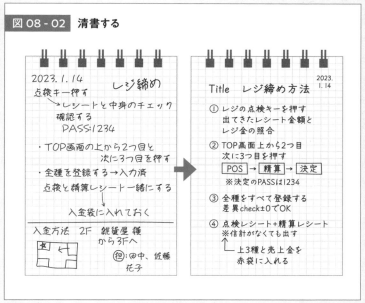

図 08 - 02　清書する

情報が整理されることで、見やすく、把握しやすくなる

清書したメモの効果

では、先ほどのアルバイトのシーンに話を戻しましょう。

レジ締めと入金を教わった翌日、あなたはリーダーから「では昨日教えた通りに、レジを締めてみてください」と言われました。

このときに、昨日走り書きしたメモしかなかったらどうでしょうか。自分が書いた内容を解読しながら作業を進めること

になります。もちろん、昨日のことですから、記憶もだいぶ薄れています。スムーズに進めるのは難しいでしょう。

それに対して、清書したメモがあれば、その整理された内容に沿って作業をスムーズに進められるでしょう。教えてもらったことを効率的にアウトプットできます。

仮に清書したメモに、情報の漏れがあったとしても、その部分だけ教えてもらって書き込めばいいだけです。

また、この2冊目のメモがたまってくると、情報資産が増えるわけですから、仕事への理解が深まり、習熟度も上がります。

ぜひお試しください。

レジ締めのような一連の動きを確認する場合だけでなく、営業でも2冊のメモを活用することが可能です。

たとえば、顧客とのやりとりの中で得た情報や質問、アイデアを効果的に活用することが重要です。情報を整理し、次のステップにつなげるためにも2冊目の整理メモに転記します。

たとえば、顧客訪問後には、1冊目のメモに速記で、顧客からの質問、関心事項、反応などの生の情報を記載したとします。この情報をただ持っているだけでは時間が経つにつれて、その価値を活かし切れなくなります。

ここで2冊目のメモの登場です。1冊目に含まれている情報を整理しつつ、次に何をすべきなのかを考えながら転記します。この作業を通じて、顧客からのフィードバックや要望を深掘りし、次回のアクションプランを立てることが可能になります（次ページ図08-03）。

清書したメモの効果

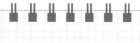

```
2024.3.1  A社訪問

・顧客  (株)A
・新商品に関心あり
 サンプル欲しい
・いつ配送される？
・競合製品について言及あり
・次回フォローアップ希望
```

次回のアクションプランを立てやすくなる

Check!

☑ 新しい情報や作業を整理し、効率的にアウトプットする
ために、記録用と整理用の2冊のメモを使い分ける

☑ 1冊目のメモは走り書きなどで情報が漏れがちなので、
2冊目のメモで情報を整理し、効率的な作業や業務の理
解を深める

☑ **title**

ガジェットポーチ
無印良品「ナイロンメイクポーチ」

☑ **features**

「使いやすさ抜群」

　　コンパクトで機能的なナイロン製ポーチ。軽量で耐久性があり、ガジェット類をしっかりと収納できるのが特徴です。ムダなポケットや仕切りがないので、小物を整理しやすいのがうれしいところ。持ち運びに便利なサイズで、カバンの中でもかさばりません。シンプルなデザインがどんなシーンにもマッチし、ビジネスシーンでもプライベートでも活躍してくれます。さらに、開口部が大きく開くため、物の出し入れがしやすいのも魅力。使い勝手がよく、コスパ最高！

第 9 章

会議を成果の
出るものに変える

■YouTubeで解説した参考動画
【メモ術】相手に伝える力と視野が広がる! 最強メモ術を
紹介します・会議用【ノート術】
https://youtu.be/hsJOnVurFwM?si=LtuQqho5pq2b2Wcq

■YouTubeで解説した参考動画
【ノート術】仕事で結果と成果を出す為の会議用ノートの書き方/
社会人の勉強【手帳術】
https://youtu.be/4ZZgvdDCJbw?si=jevlWZJgYupVdp_G

メモをとる力は
仕事力に直結する

メモをとることは仕事力に直結し、会議や
ミーティングでのメモの重要性は誰もが理解しています。
しかし、適切なメモのとり方について指摘されることは
少なく、情報を見失うケースが多いのが現状です。

聞き取るスピードに書くスピードが追いつかない

　みなさんはほとんどの方が会議やミーティングに出席した際にメモをとっていると思います。もちろん、会議の内容、シチュエーション、職種などによって書く内容はさまざまでしょう。しかし、まったくメモをとらないという方はいないでしょう。

　とはいえ、「メモの書き方」について上司が部下に指摘するケースは意外と少なくて、多くの現場で次のようなやりとりが頻繁に発生します。

「この前、言ったことをちゃんとメモしてたでしょ？　確認してみて」
　　↓
「はい、見てみます」

※メモを見るが情報がどこにあるかわからない。

　肝心なポイントが抜けている。

　↓

「すみません、もう一度教えてもらえますか?」

　↓

「今度こそ、ちゃんとメモしとけよ!」

　どうしてこんなことが起こるかというと、書くことに集中しすぎると聞き取るスピードと書くスピードがどうしても合わず、聞き取るスピードに書くスピードが追いつかなくなるからです。

　結果、要点の見落としがあったり、ムリに書き切ろうとすることで字が汚くなってしまい、あとから見返しても何を書いたかが読み取れない。この場合、本来の「会議の内容を記録する」という目的が「メモをとること」にすり替わってしまっているわけです。

　メモは、ただ書くだけと思われがちですが、前の章でも解説した通り、目的に応じた適切な書き方を身につけられると、仕事力をぐっと上げることができます。

　この章で解説するメモ術を身につけていただくと次のメリットがあります。

１ 人にものごとを伝える・説明する能力が大幅にアップする

２ 俯瞰的にものごとが考えられるようになる

まずは、メモをとるノートのサイズを決める

まずみなさんに行なっていただきたいのは、メモをとるノートのサイズを決めることです。

たとえば、小さいサイズのノートであれば、部内ミーティングなどに使うことはあっても、経営会議などの重要な会議に使う人はあまりいないと思います。ここで私が言いたいのは、「用途によってノートのサイズを変えましょう」ということです。

今回は、一般的な会議やミーティングで使うことを想定しているので、Ａ５サイズの方眼ノートを使います。Ｂ５でもＡ４でも別にかまわないのですが、私はＡ５サイズが持ち運びやすくて楽だと思っているので、これを使っています。

次節から詳しく書き方を解説していきます。

Check!

☑ メモをとることは単なる文字を書き留めることではなく、効果的なアウトプットの手段

☑ 適切なメモのとり方を身につけることで、情報の伝達能力が向上し、俯瞰的な視点を持つことができる

会議メモは
重要ポイントだけを書く

**会議メモの作成において重要なのは、キーワードだけを
抜き出し、必要な情報を簡潔にまとめることです。
そうすることで、会議の流れや重要なポイントを
把握しやすくなります。**

会議に参加して利益をあげるヒントを得るためのノート術

会議のメモ術のポイントは、ずばり次の通りです。

いかに短いキーワードで重要なポイントだけを抜き取って、**書
く**か。

なぜ、この考え方は重要なのでしょうか？

みなさんが会議に参加するということは、参加している時間
の人件費を会社が負担しているということです。つまり、会社
のコストになります。

ですから、かかったコスト以上の成果をあげる必要がありま
す。会議に参加する以上は、そこで会社の利益につながるヒン
トを得て持ち帰る必要があります。

それができないのであれば、会議に出る意味はありません。

だから、ただ出席して、ただ内容を記録するだけでは、いけ

ません。

　今回解説するのは、会議に参加して利益をあげるヒントを得るためのノート術です。

　まず、こちらをご覧ください（図09-01）。

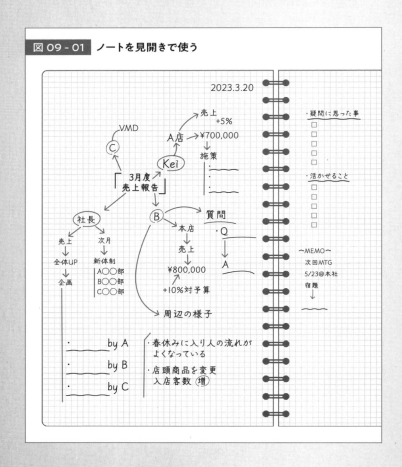

図 09 - 01　ノートを見開きで使う

参加者の発言をキーワードで書き留める

　書き方を詳しく説明していきます。前ページの図09-01を
ご覧の通り、ノートを見開きで使います。

　まず、左ページの右上に日付を書きます。次にページの中央
に会議の議題・テーマを書きます。図の例では「3月度売上報
告」となっています。このように中央に書くことで、これから
何を話し合うのかを明確にします。

　通常、会議は1人が話し続けるのではなく、複数の参加者が
発言します。ですから次にやるのは、テーマ・議題の周囲に発
言者の名前を書き、その人が話した内容を記録することです。

　図09-01の例ではテーマ・議題の右上に「Kei」と書かれて
いて、そこから矢印が伸びています。それはこういうことで
す。

　たとえば、会議の進行役が参加者に「Keiさん、3月度の売
上を報告してください」と発言を求めたら、「はい、3月度の
A店の売上は前年比5％アップの70万円で着地しました」な
どと答えますよね。

　そのときに発言者が話したことをすべて書いていたら、いく
らスペースがあっても足りませんし、あとで見返すのも面倒で
す。だから、発言を事細かに記録する必要はありません。発言
を聞いて気になったキーワードだけを抽出して、書き留めるよ
うにするのです。

　この図は発言者「Kei」で、「A店」の売上が対前年比「＋

５％」で「70万円」となります。たったこれだけでよいのです。

　不要な部分はカットして、あとでメモを見返したときに何がどういう流れになっているのかがすぐにわかるように、キーワードだけを書くようにします。

　こうしたキーワードのほかに、もし売上アップの具体的な施策が発表されたのであれば、それも短い箇条書きで記録しておく。この程度でOKです。

　この要領で参加者の発言を書き留めていきます。

　たとえば、「Kei」の次にBさんが発言したとします。Bさんは本店の店長で、その売上を発表しました。図を見れば、月の売上は80万円だったが、予算が10％かかったということがすぐにわかります。このほか「店舗の周辺の様子」も話したとします。それもなるべく簡潔に書きます。もちろんキーワードだけでは記録し切れなければ文章にしてもかまいません。

　また、BさんがAさんに質問したならば、その質疑応答の内容もキーワードで書きます。

　このように中心のテーマ・議題からさまざまな方向に線を伸ばします。

　最後に社長が発言したとします。たとえば、「来月から新体制でいく」と言って、いろいろなことを話しだしました。ここで重要なのは、誰がどこの部署に異動になるかなので、それだけを書き留めます。

次に売上の話になり、社長が「売上全体を上げるための企画を考えてほしい」と言ったとします。そうしたら、誰がどんなアイデアを出したかをキーワードで書いていきます。

　さて、このように重要なキーワードだけを記録し、そのほかの雑談や重要でない情報はカットしたメモを作ったとします。すると、どういうことが起こると思いますか？

　左ページを見るだけで、会議の全体がどういう流れで行なわれたのか、進行を俯瞰的に把握できます。もし発言を箇条書きで書き留めるだけだと、流れがわかりません。

本当に大事なのは「活かせることは何なのか?」を考えること

　会議全体を左ページに記録したら、次は右ページに移ります。

　右ページには「疑問に思ったこと」「活かせること」を書きます。なぜ、この2つを書くことが大事なのだと思いますか？

　それは、会議に参加したら、ほかの参加者の発言や達成した成果などに興味を持ち、自分なりに疑問を持って、そこで出てきたヒントを持ち帰って、自分が担当している仕事に活かすようにしなければならないからです。

　漫然と内容を記録するだけでは、疑問を持つ、ヒントを得るということができません。ですから、キーワードだけを簡潔に書き留めることで、書くことと並行して考えるための時間を確保するのです。

　キーワードを書き留めたあとは、出てきた施策や全体を俯瞰

的に考えながら、点と点をつなぐようにして「活かせることは何なのか？」を考えることが本当に大事なことなのです。

このメモ術ができるようになると、それまで興味がなかった**ほかの人が担当している仕事や行動の中に何かヒントがないか探せるようになってきますし、全体を俯瞰することでアイデアとアイデアを結びつける能力を養うこともできます。**

そして何よりも参加者の発言の中から重要なキーワードだけを抽出して書くため、自分の説明や報告をするときの言葉のセンスが大幅に上がります。相手が知りたいことだけにポイントを絞って話せるようになるのです。

Check!

☑ 会議メモの作成では、参加者の発言から重要なキーワードを抽出し、左ページに記録する

☑ 右ページには自分の疑問や活かせるポイントを書き留めることで、会議の内容を俯瞰的に把握し、活用できる情報を得ることができる

アイデアが生まれる
会議メモ

会議メモには、アイデアを生み出すための新しい方法が
あります。ページを使い分け、発言内容に深くかかわる
「FACT」「FEEL」「FUTURE」のブロックを使って、
自分の感情やアイデアを記録し、行動に移す期日を設定します。

会議を通じて自分を成長させる

　もう１つ別の会議メモの書き方をご紹介します。先ほどと同
様にＡ５サイズの方眼ノートを用意します。今回は１ページず
つ使います。

　次ページの図09-02を見てください。まず上から１センチ
くらいのところに横線を２本引きます。次に下からだいたい全
体の３分の１くらいのところにも横線を２本引きます。間隔は
１センチ程度です。

　そして、下のブロックに縦線を２本引いて３つのブロックに
分けます。

　では、さっそく書いていきましょう。

　まず左上に日付を書きます。右上には、その会議のテーマ・
議題を書きます。

さて、上のブロックは、先ほど解説した書き方と同じなので、説明は割愛します。

下のブロックには、それぞれ「FACT」「FEEL」「FUTURE」とタイトルをつけます。

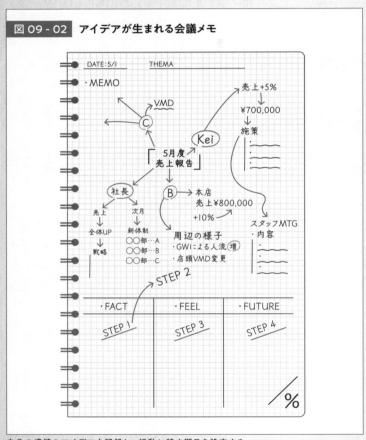

図09-02 アイデアが生まれる会議メモ

DATE:5/1　　THEMA

・MEMO

売上+5%
↓
¥700,000
↓
施策

VMD

Ⓒ

Kei

[5月度
売上報告]

社長

Ⓑ → 本店
売上¥800,000
+10%

売上
全体UP
↓
戦略

次月
新体制
○○部…A
○○部…B
○○部…C

周辺の様子
・GWによる人流(増)
・店頭VMD変更

スタッフMTG
・内容
：

STEP 2

・FACT	・FEEL	・FUTURE
STEP 1	STEP 3	STEP 4

/%

自分の感情やアイデアを記録し、行動に移す期日を設定する

図では、すでに上のブロックは先ほど解説した方法で記入済みです。

　下のブロックの書き方ですが、まず「FACT」は「実際に発言されたこと」を書きます。そして発言を1つ選んで、自分が深掘りしたいものを決めます。

　たとえば、Bさんの発言「本店の売上は80万円で、対前年比で10％アップした」を選んだのであれば、まず「FACT」のブロックに記入します。そして「FEEL」のブロックには、Bさんの発言を聞いて自分はどう感じたのかを書きます。「すごいなあ」といったレベルのことではなく、もっと深いこと（「どんな施策をしたのか気になる」など）を書きましょう。

　感じたことを書くことで、主体性が生まれます。会議に出席したときに、ほかの人の発言をただ聞くだけではなく、それに対して自分はどんな思いを持ったのかを意識するようになります。

　そして3つ目の「FUTURE」には、自分が感じたことを自分の仕事にどう反映することができるのか、聞いた事実からどういう未来を作りたいのかなど、簡単でかまわないのでアイデアを書きましょう。

　最後に右下のスペースに、自分がいつまでにそのアイデアを行動に移すか期日を書くのです。

　この下のブロックを書く習慣が身につくと、自分がどうしたいのか、意志が明確になってきます。

　あとでメモを見返すときに、会議全体の流れが浮かぶとともに、自分がその会議を糧に何をやるか、何をしたくなったのか

も思い浮かぶようになります。

　会議を通じて自分を成長させる、この方法をぜひお試しください。

爆速Lesson

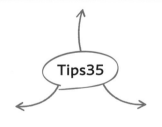

[思考整理トレーニング！]

Tips35「アイデアが生まれる会議メモ」での気づきを、
マインドマップでまとめてみましょう。

Tips35

STEP 1　気になった言葉を短く書き出す

STEP 2　単語をつなげて自分が理解しやすい言葉にする

☑ **title**

デジタルカメラ
Sony「VLOGCAM ZV-E10」
KODAK「PIXPRO FZ55」

☑ **features**

「日常に潜む魅力を切り取る」

　この2機はSNSやホームページ用の素材写真を撮るのに最適です。どちらも簡単に魅力的な写真や動画が撮影できます。「VLOGCAM ZV-E10」は優れたオートフォーカス機能と高画質が特徴で、レンズ交換が可能なため、クリエイティブな映像制作が可能です。軽量で長時間の撮影でも疲れにくく、外部マイクを接続することもできます。「PIXPRO FZ55」はシンプルな操作性と懐かしい色合いの画質が魅力。コンパクトで持ち運びが簡単、多彩な撮影モードを搭載しているので、初心者でも美しい写真が撮れます。最新機種ではありませんが、どちらも機動力が高く、手放せない！

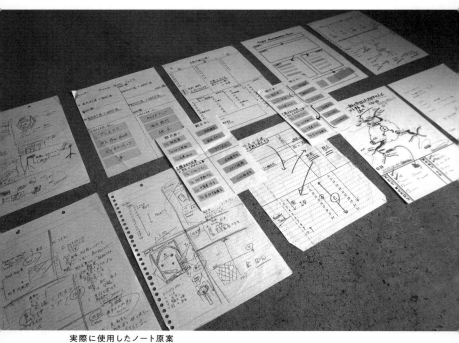

実際に使用したノート原案

第 10 章

人生の夢をかなえる

■YouTubeで解説した参考動画
【ノート術】A4用紙たった1枚で本当にやりたい事を
一目瞭然にする書き方【手帳術】
https://youtu.be/etLJ4ANAhsk?si=uq8pOXROudFnrUSu

■YouTubeで解説した参考動画
【ノート術】マジで夢をかなえるノートの書き方とコツ解説【手帳】
https://youtu.be/aaGxUA-zxGo?si=zGInZvXhJIsjQpsk

常に自分に
向き合うことが大切

この章では、Ａ４用紙１枚を使って、自分が本当に
やりたいことを見つける方法と、そのノート術が
仕事や成長に与える影響について解説します。

シンプルに生きていますか?

あなたが本当にやりたいことを見つける方法を、大きく２つ
に分けて解説します。

最初に、あなたが本当にやりたいことを見つけるためのノー
ト術が普段の仕事にどういった影響を与えるのか?

それから、実際の書き方を解説します。

この自分のやりたいこと(夢)を見つけるためのノート術に
必要とされるスキルは、一般にビジネスでいわれているロジカ
ルシンキングに近いものです。特定のテーマを深掘りするとい
う作業になります。実は、普段みなさんがお仕事で抱えている
悩みや課題解決にもつながります。

ところで、みなさんはシンプルに生きていますか?

多くの方が歳を重ねるにつれて、自分に対してシンプルに本
音で生きていくことができにくくなっていると思います。

私が大切にしている『バルタザール・グラシアンの賢人の知恵』（バルタザール・グラシアン、ディスカヴァー・トゥエンティワン、2006年）という本にも書かれていますが、常に自分の内面に向き合うということが生きていくうえでとても重要になってきます。**日々、調子や自分の内面にあるものを忘れずにいること、自問自答すること、心の資産を棚卸しすることが成長につながります。**

　私もこれまで仕事でいろいろな方とお会いしましたが、自分のやりたいことが明確になっている方のリーダーシップ、発言力、立ち居振る舞いは、目標がない人に比べると、レベルが高い状態を保たれていると感じます。

　とはいえ、自分がやりたいことを見つけるのはなかなか難しいですよね。ここでは、紙1枚を使って、頭で考えるだけでなく、手を動かしながら、やりたいことを見える化する方法をご紹介します。

「やりたいことを見える化する方法」のフォーマットの作り方

　まず次ページの図10-01をご覧ください。完成するとこのようなものになります。

　このノートは一見不思議に見えるかもしれませんが、実際には非常に重要な役割を果たしています。「自分軸」を見つけるためのツールで、心の中にある本当の「自分軸」を視覚化する手助けをしてくれます。このノート術を通じて、内なる自分と向き合いましょう！　それでは詳しい書き方を解説します。

図 10 - 01　やりたいことを見える化する方法

2022 3/11	私は…自分で作り出したアイデアで人を サポートする

したい！

✓Why? なんで？
✓What? 何に？
✓Where? どこで？

✷□If
困っている人を
助けたい！

もし？

感動した　強い　変身ベルト
また行きたい　ショー　人助け
かっこいい！

① 仮面ライダー
幼稚園

Ⓘ

↓中高
③ ミュージシャン

② 芸人
小学校

曲が好き
山崎まさよし
かっこいい
LIVE
人前で歌う
わくわくした　脚光を浴びる

□If
自分が作った曲で
相手を感動させたい！

□If

KEY WORDS	☑人 ☑人前 □ □ □	WANT TO	☑助けたい ☑感動させたい □〜たい □ □

あらかじめお伝えしておきたいことがあります。本来、この記入作業は90分くらいかけてやります。ただし、今回は紙幅の都合もあるので、エッセンスを抽出してお伝えしたいと思います。

全体の構成から説明します。図のように大きく3つのブロックに分けます。縦方向の上から3分の2あたりのところに横線を1本引きます。下段の中央に縦線を1本引きます。

まず左上に日付を書いて、その右に「私は……」とだけ書いてください。これはのちほど説明しますが、重要な部分です。

日付の下には3つの質問「Why？（なぜ？）」「What？（何を？）」「Where？（どこで？）」を書きます。今回は夢を書き出すにあたって、この3つの質問に何度も立ち戻ります。

右上、右下、左下に「If（もし）」と書きます。

次に紙の中央部です。図10−01ではすでにいろいろ書き込んでありますが、まずみなさんにやっていただきたいのは真ん中あたりに○を描いて、その中に「Ｉ（私）」と書くことです。○から矢印を上、斜め右下、斜め左下の三方向に書きます。

上方向の矢印の先に横線を引いて左端に①と記入してください。右下は②、左下は③とします。

下段の左端は「KEY WORDS」、中央の線の右側に「WANT TO（〜したい）」と書きます。

すると、次ページの図10−02のようになります。これでフォーマットは完成です。

図 10 - 02 フォーマットの完成図

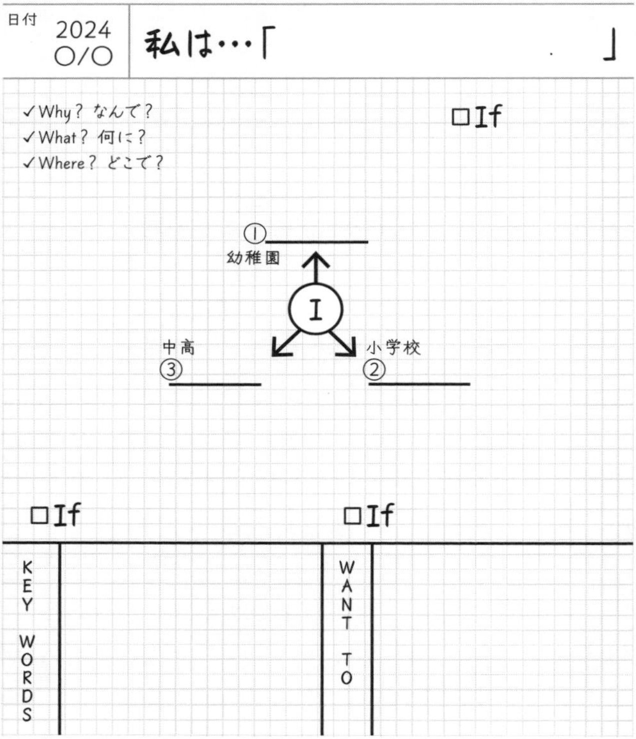

日付 2024
〇/〇

私は…「   」

✓Why? なんて?
✓What? 何に?
✓Where? どこで?

□If

①_____
幼稚園
↑
Ⓘ
↙   ↘
中高   小学校
③___   ②___

□If   □If

| K E Y | | W A N T |
| W O R D S | | T O |

自分の目標や夢を整理する

Check!

☑ フォーマットは、日付や質問を中心に配置された自分の目標
や夢を整理するための手法

過去に「なりたかったもの」は何ですか？

フォーマットを使って、過去の自分が
なりたかったものを振り返り、
それを深掘りして自分の夢や目標を明らかにします。

幼稚園、小学校、中学校、高校の頃の夢を書き出す

　フォーマットができたところで、さっそく書いてみましょう。

　まず中心の①から出ている矢印の先①〜③に、それぞれ、みなさんが幼稚園くらいの年頃のときになりたかったもの（①）、小学生のときになりたかったもの（②）、中高生のときになりたかったもの（③）と、仕事や夢を書いてください。

　仕事や夢は、できれば４つくらい書けると理想的なのですが、今回は３つでOKです。幼稚園、小学校、中学、高校と分けて、それぞれの年頃にあこがれていた職業や物事を番号の下に引いた線の上に書いていきます。

　まず私の例をご紹介します。

　私は幼稚園児のときになりたかったのは「仮面ライダーBLACK」、小学生のときは芸人、中高生のときはミュージシャンです。

これらを書き込むことで自分を中心として、各世代のときに自分がなりたかったもの＝夢を頭の中から取り出して言語化できました。

　ここから夢を1つずつ深掘りしていきます。そのときに使うのが、先ほど書いた「Why？」「What？」「Where？」の3つの質問です。

　たとえば、先ほどの私の幼稚園児のときの夢であれば、「なんで仮面ライダーBLACKになりたかったのか？」「仮面ライダーの何に惹かれたのか？」「どこで知ったのか？　どこで好きになるきっかけを得たのか？」などです。

　この3つの質問を各時代の夢に対して問いかけて深掘りをしていきます。

　たとえば、仮面ライダーの「Why？」ですが、答えは何でもかまいませんので、次のように深掘りを進めます。

「なぜ好きだったのか？」
　　↓
「かっこいいと思った」
　　↓
「なぜかっこいいと思ったのか？」
　　↓
「強いところが好き」
「変身ベルトがかっこいいと感じた」
「人助けをするところがかっこいいと感じた」

　このようにどんどん問いと答えを広げていきます。

もし、自分が○○になっていたら、何をしたいのか？

　ここで大事なのが「If」です。**「もし、自分が○○になっていたら何をしたいのか？（したかったのか？）」**を短い文章で書きます。私の場合であれば、もし仮面ライダー BLACKになっていたら「困っている人を助けたい」となります。これはシンプルに、みなさんが自分自身を置き換えたときに出てきた答えを書いてください。ここではIfを１つしか紹介していませんが、みなさんは２つ、３つ書いてください。もしその夢がかなっていたら、何がしたかったのか？　自分がしたいことをとにかく書いてください。

　これで①〜③のそれぞれに対してさまざまな答えが出てきます。

　とにかくキーワードを分岐させて深掘りしていきます。

　たとえば、私の中高時代の夢「ミュージシャン」であれば、きっかけは山崎まさよしさんでした。ライブがかっこいいと感じました。なぜ山崎さんが好きだったのかというと、曲がいいなと思ったからです。

　①〜③それぞれの「If」を書き終えると、自分の人生にどのようなキーワードがかかわっているのか、自分は何をしたいのかが、このブロックにすべて出てきます。そして①〜③はすべてつながっています（次ページ図10-03）。

図 10 - 03　大事な「If」

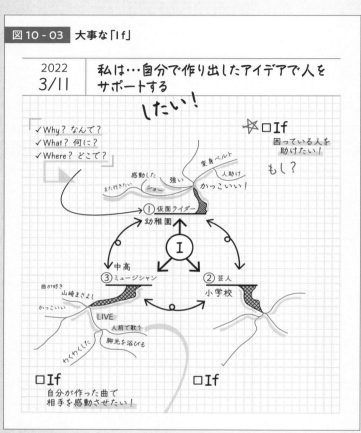

2022
3/11

私は…自分で作り出したアイデアで人をサポートする

したい！

✓ Why? なんで？
✓ What? 何に？
✓ Where? どこで？

☆ □If
困っている人を
助けたい！

もし？

変身ベルト
感動した　　強い　人助け
また行きたい　ショー　　かっこいい！
①仮面ライダー

幼稚園

Ⓘ

中高
③ミュージシャン

②芸人
小学校

曲が好き
山崎まさよし
かっこいい
LIVE
人前で歌う
わくわくした　脚光を浴びる

□If
自分が作った曲で
相手を感動させたい！

□If

もし、自分が○○になっていたら、何をしたいのか？

☑ それぞれの夢に対して「Why?」「What?」「Where?」という質問を使って深掘りをしていく

☑ 「If」を使って、もし自分がその夢をかなえていたら何をしたいかを考える

☑ これにより、自分の人生にかかわるキーワードや望みが明らかになり、全体がつながっていく様子を把握できる

爆速 Lesson

[過去の夢を探しに行こう！]

夢が定まらない人は、興味があることを
書き出してみるのもおすすめです！

幼少期	小学生

中高生	大学生以降

繰り返し登場する
キーワードを抽出する

**キーワードを抽出して自分の夢や欲求を明らかにし、
それを行動につなげる手法を解説します。**

自分の「想い」を言語化する

次は下段の書き方を説明します。

まず「KEY WORDS」から。ここには、上段に出てきたさまざまな言葉の中で繰り返し登場している言葉とか、同じ意味合いの言葉を抽出して書き出します。

たとえば、私の場合は「ミュージシャン」のところに出てきた「人前で歌う」や「ライブ」とか、「仮面ライダー」のところの「ショー」とか、「人」というキーワードや、「ライブ」「ステージ」といった言葉です。これらには共通点があります。夢は違いますが、実は根本は同じです。

□を書いて右に私の場合であれば「人」「人前」などと書き込みます。上段をしっかりと書いている人ほど、ここに書く言葉の数は多くなります。ポイントはとにかくたくさん書き出すことです。共通している言葉を書きまくってください。

もしかしたら「かわいい」とか「ワクワク」などといった言葉が出るかもしれません。

　最後は右下の「WANT　TO」の欄です。
　ここに書くのは、「If」＝「もし自分の夢がかなっていたら、何をしたいのか」、つまり行動です。
　たとえば、□を書いて右側に「助けたい」「感動させたい」「作りたい」「動きたい」「走りたい」など、やりたいことをどんどん書き出してください。

　ここまで書くと、自分がやりたかったことにかかわってきたキーワードに加えて、自分の想いが言語化されます。心の中でぼんやりしていたものが目に見える形になります（図10-04）。

図10 - 04	「KEY WORDS」と「WANT TO」

自分の想いが言語化される

そして、最後に一番上のタイトルの部分「私は……」を書きます。下段の「KEY WORDS」「WANT TO」にある言葉を使って、自分のやりたいことを書きます。

自分が本当にやりたいことが明確になる

　ちなみに、私がやりたいことは、「自分が作ったモノ・コトでお客様を感動させたい、その人の人生をサポートしたい」というものです。

　この書き方をマスターすると、転職活動するときなどに、非常に効果を発揮します。自分が本当にやりたいことという1本の芯があるので、たとえば、希望職種に縛られることがなくなります。私の場合であれば、「人に提供したい、サポートしたい」というのがあるので、もしかしたらそれは小売業かもしれませんし、教育かもしれません。

　私は昔ミュージシャンとしてCDを出したこともありましたが、最後はあきらめました。そのときに初めて、このワークをやりました。

　実は自分が表現したい手段がミュージシャンだった、あるいは仮面ライダーだったなど、すべては表現方法として分岐していくことになったのです。

　このように、みなさんの中で自分のやりたいことという軸を明確にすることで、生きていくことが楽しくなりますし、その軸が自分の強みになります。

爆速Lesson

［自分行動理念］

自分軸とは別に、行動理念を書き出して
目に見えるところに掲示するのもおすすめです！

一、私は家族と環境に甘えず、日々の感謝の思いを忘れません。

一、私は常に自分を律します。

一、私は昨日よりも今日、今日よりも明日、自分をアップデートします。

一、私は欲張りません。

一、毎日コツコツ。焦らずコツコツ。

一、私は自分の生き方にこだわりを持ちます。

一、イライラせず、穏やかに生きます。

※Keiが手帳の1ページ目に貼りつけている理念です。

年齢とともに
夢は変わる

夢を持ち、それを実現することは人生において重要です。
年齢や状況によって夢は変わりますが、
夢を追いかけることで毎日が楽しくなり、人生が輝きます。

何事も行動しなければ始まらない

ここまでで、自分の夢が明確になりました。次は、夢のかなえ方を説明します。

夢を持つ、それを追いかけることは人生においてとても大切なことです。好きな服を買う、好きなゲームの新作が発売される、海外旅行に行くなど、楽しみがあると、毎日の生活も楽しくなります。しんどい仕事も大変な勉強も、この先手に入るであろう"楽しみ"があるからがんばれる。

人によって、あるいは人生の各地点によって、夢の規模には大小の違いがありますが、やはり夢を持っている人のほうが輝いて見えますよね。

先ほどのノート術でも述べましたが、私自身、世代ごとに夢があって、それは歳をとることで変わってきています。

すでに、みなさんもご存じの通り、夢というものは、持つことは簡単なのですが、実現することは大変難しい。私自身、これまでにかなった夢もあれば、かなわなかった夢もたくさんあります。

　さて、書き方を説明する前にお伝えしておきたいことがあります。ここで紹介するノート術にしたがって、書くだけで夢がかなうことはありません。世の中はそれほど甘くはありません。
　何が言いたいのかというと、書くことは大事なのですが、書くだけで夢がかなう魔法はないということです。**夢をかなえるために重要なのは、書くこと以上に「行動すること」です。何事も行動しなければ始まりません。**
　確かに、世の中には運に左右されることもたくさんあります。自分ではコントロールできない外的要因によって夢の実現は左右されます。しかし、そういったことを除いて、基本は、夢や目標に向かって行動をしなければ何も始まりません。

　とはいえ、やみくもに行動すればいいというものではありません。夢がある方向に向かって、一歩一歩、丁寧に、地道に、コツコツと焦らず、すぐに結果を求めず努力できる人が夢をかなえることができます。
　夢ノートにおいて一番大事なことは、夢に向かって行動しやすくなるスケジュールを書くことです。
　これまでにずっと解説してきたスケジュール管理が、夢をかなえる際にも重要なのです。行動指針を具体的に細分化できている人ほど夢がかないやすくなります。

☑ 夢を書くことだけでなく、行動することが重要

☑ 夢をかなえるためには、具体的な行動スケジュールを立て、コツコツと努力することが必要

☑ 行動指針を持ち、スケジュール管理をすることで、夢をかなえる確率が高まる

爆速 Lesson

[私の自分軸宣言！]

あなたが本当にやりたいことは見つかりましたか？

自分軸宣言！　私が本当にやりたいことは……

日付：

自分を動かす
ノートの書き方

自分の夢をかなえるための行動を
具体的にプランニングする方法を紹介します。
Ａ４用紙に縦線を２本引いて３分割し、各ブロックに
夢の具体的な目標や行動を書き込んでいきます。

具体的な目標や行動を、月ごとに細分化して書き込む

では、行動しやすくなる夢ノートはどう書けばよいのでしょうか？　まず完成図をご覧ください（次ページ図10-05）。

縦に並んだ３つのボックスに数字を書き込むシンプルな方法ですが、これを使うと目標達成率が驚くほど上がります。年収アップ、マラソンのタイム更新、SNSのフォロワー増加、資格取得の勉強など、幅広く活用できるノート術です。ぜひ読み進めながら、実際にあなたの目標や行動を細分化してみましょう。

今かなえたい目標や、過去に挫折した夢など１つを決めるだけで準備は完了です。必要なのは紙とペン、そして電卓（重要）だけです。このテクニックはExcelでも可能です。デジタルかアナログかは手段にすぎませんので、やりやすい方法で一緒に進めていきましょう。

図 10 - 05 **自分を動かすノート**

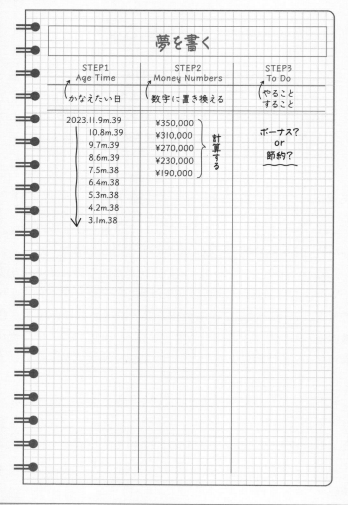

具体的な目標や行動を月ごとに細分化して書き込む

書き方はとてもシンプルです。

Ａ４用紙に、縦線を２本引いて、全体を３分割します。

一番上に夢を書きます。仕事だけでなく、旅行・資格・芸能・キャリアアップなど、好きなことを書いてください。

各ブロックの上に、左から「STEP1 Age Time」「STEP2 Money Numbers」「STEP3 ToDo」と書いてください。「STEP1」の欄には「夢をかなえたい日」、「STEP2」の欄には「目標を数字に置き換えたもの」、「STEP3」の欄には「やること、すること」を書きます。

たとえば、「家族でディズニーランドに旅行に行きたい」という夢があったとします。

まず「STEP1」の一番上に「行きたい月」、つまり夢を実現する月を書きます。

月の右の「９ｍ」の部分は、この夢を書いた日から何か月後に目標が達成するのかを書きます。この例では「９カ月後」という意味です。

仮に2023年２月にこの夢を決めたとしたら、そこから９カ月後が11月です。上から順に、11月、10月、９月、８月……と逆算しながら数字が減っていきますので、一番下の３月は「１ｍ」（１カ月後）となります。

同様に、２カ月後が2024年４月、３カ月後が５月となります。

月の右側には、あなたの年齢を書いてください。夢の規模が大きくなるほど長期間にわたる細分化になるので、自分が何歳のときにその行動をするのか、夢をかなえたいのかがわかってきます。

たとえば、記入例であれば、2024年７月までは38歳、８月

に誕生日をむかえて39歳になります。

　左側で時間軸を決めたら、その右の中央ブロックで、夢を数字に置き換えます。もし、ディズニーランドに行きたいのであれば、費用はいくらかかるのか（お金をいくら貯めなければいけないのか）を書きます。

　もともといくらか貯金があって、ある程度のお金を最初に用意できていれば、費用達成までの期間が短くなったり、毎月貯める額が少なくてすむでしょう。

　また、ゼロからスタートする場合であっても、9カ月後に35万円貯めるには毎月いくらずつ貯金すればいいかを、書くだけです。

　金額を書いたら、その右のブロックには、なぜその金額を貯めることができるのか、根拠やお金を貯めるための行動を書きます（図10-06）。

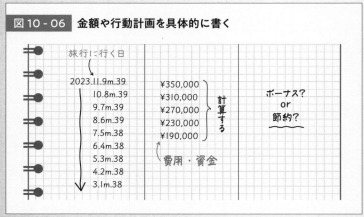

図10-06　金額や行動計画を具体的に書く

旅行に行く日

2023.11.9m.39
　　10.8m.39
　　9.7m.39
　　8.6m.39
　　7.5m.38
　　6.4m.38
　　5.3m.38
　　4.2m.38
　　3.1m.38

¥350,000
¥310,000
¥270,000
¥230,000
¥190,000
　計算する

費用・資金

ボーナス？
or
節約？

毎日の行動パターンを管理する

たとえば、夏のボーナスで一気に貯めたい場合は、真ん中の
ブロックの7月の金額がぐっと上がるでしょう。

　また、普段の月であれば、何かを節約して貯めることになる
でしょう。具体的に「○○を買わないで、節約する」などと書
きます。なるべく細かく書くのがコツです。

　ある程度、書き込むと、各月の大きな目標がわかりますよ
ね。

　あなたが本当に夢をかなえたいのであれば、あとは別の紙や
手帳に、各月の全日付を書いて、1日単位で行動・金額を管理
します。すると、「1日あたり100円節約する」とか、「200円
節約する」など、非常に細かい目標設定に落とし込むことがで
きます。

　夢をかなえているスポーツ選手は、毎日のルーティンが決
まっているというのと同じことです。

　月単位での目標設定だけでも、夢をかなえられる確率は大き
く上がりますが、さらに高めたい方は1カ月ごとの行動パター
ンをさらに深く考えてみてください。

Check!

☑ 行動しやすくなる夢ノートの書き方はシンプルで、具体
　的な目標や行動を月ごとに細分化して書き込んでいく

☑ 夢をかなえるためには、金額や行動計画を具体的に書き
　込み、毎日の行動パターンを管理することが重要

キャリアに関する
夢をかなえる方法

この夢のかなえ方を、①資格や勉強、②音楽や芸能、
③キャリアアップなど、金額ではなかなか表現できない
ようなことに使う方法を解説します。
---

1 資格や勉強

基本的には、夢をかなえたい日程と年齢の書き方はまったく同じです。

自分が何歳でその資格を取得したいのか、何歳でミュージシャンや芸能人になりたいのか、何歳でその役職に就きたいのか。

夢の規模感が大きくなる分、かなりの長期間にわたった書き方になります。

問題は真ん中のブロック「STEP2 Money Numbers」の書き方です。お金では表現できない部分が多いのですが、まず資格や勉強の場合は、自分が勉強しているテキストの単元とページ数です。結局、テストで高い点をとるためには、それだけ知識をインプットする必要があります。つまり、単元をいかにきちんとこなせるかにかかっています。

アウトプットでテストの点が上がるかどうか、偏差値が上がるかどうかはまた別の話になりますが、まずはきちんとやるべきインプットを積み重ねることが大事です。ですから、資格や勉強の場合は、試験日から勉強する期間を逆算して、各月にどれくらいの単元、ページ数を勉強しなければいけないのかを書いていく。あとはデイリーに落とし込みます（次ページ図10-07）。

　先ほどの旅行計画とは違い、資格関連は学ぶ内容が多岐に渡るため、Ａ３サイズの大きめの紙やExcelで作成するのがおすすめです。旅行計画と同様にゴールの日（受験日）を記載し、そこから当月まで逆算して数字を記載します。中央のMoney Numbersには具体的な勉強内容を入れます。たとえば、英検２級試験に合格したいのであれば、「単語」「文法」「他」の３つのカテゴリーごとに毎月習得すべき内容を記入していきます。

2023.11. 9
単語：毎日20単語覚える（１カ月合計600個）
文法：応用文法の徹底（週２章進める）
　他　：最終模擬試験２回チャレンジ・弱点補強

　このように旅行では貯金金額のみの記載でしたが、資格関連は少しボリューム感が出ます。ToDoは実際に立てた勉強計画について具体的に「毎日、何時に勉強するのか？」を確定させます。

図 10 - 07　資格と勉強の場合の書き方

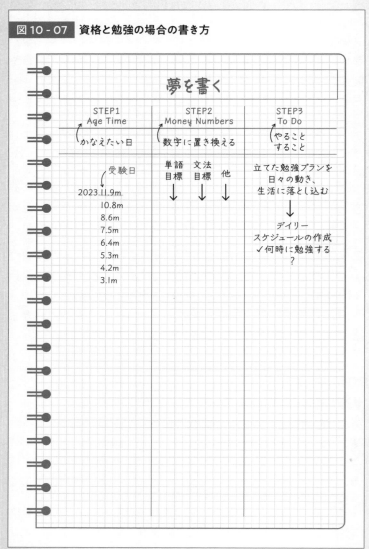

夢を書く		
STEP1 Age Time	STEP2 Money Numbers	STEP3 To Do
かなえたい日	数字に置き換える	やること すること
受験日 2023.11.9m 10.8m 8.6m 7.5m 6.4m 5.3m 4.2m 3.1m	単語　文法 目標　目標　他 ↓　　↓　　↓	立てた勉強プランを 日々の動き、 生活に落とし込む ↓ デイリー スケジュールの作成 ✓何時に勉強する ?

きちんとやるべきインプットを積み重ねること

② 音楽や芸能

　次は、音楽と芸能についての書き方を説明します。

　まず数字はズバリ、ファンの数です。

　メジャーデビューしたい場合は、正直、運の要素が関係してきます。ファンがたくさんいてもメジャーデビューできないケースもありますし、反対にファンが少なくてもデビューできるケースもあります。

　今やYouTubeやTikTokで配信する時代になりましたが、ポイントはチャンネル登録者やフォロワーの数、コンテンツの再生回数です。自分が決めた年齢の時点で、どれくらいファンやフォロワーを獲得したいのかを書きます。そして、毎月、毎週など定期的にファンの数をゴールから逆算して書いていきます。

　たとえば、「今はフォロワーはほとんどいないけれど、来年には100万人にする」と目標を立てたとします。しかし、絵に描いた餅になるかもしれません。１年程度でフォロワーがゼロから100万人になるには、とんでもなくバズる必要があるでしょう。そのためには何をするか？　これが「ToDo」にかかわってきます。そのためにも、ファンの数を書いていくのです（たとえば、YouTubeであればチャンネル登録者数）。

③ キャリアアップ

　最後にキャリアアップについて説明します。

　資格と違って勉強することはないし、芸能のようにファンを増やすわけでもないので、ある意味、一番難しいかもしれませ

ん。とはいえ、キャリアを上げるためには、仕事で結果を出す。これしかありません。いたってシンプルです。

　会社員の場合は、結果は必ず会社から示されています。自分の人柄についても会社は考慮してくれますが、結局は与えられたミッションに対する数字の成績になります。ご自身が与えられている月間の達成金額を目標数値として書きます。

仕事のノートも夢のノートも書き方は同じ

　この章では「夢をかなえる」という言葉が登場しますが、そもそも夢というものは結局、自分がかなえたいと思う熱量に左右される部分が大きいものです。決してプライベートに限らず、仕事も同様です。

　たとえば、「何か担当商品を受け持つことになった」「マネージャーになって部下を持つことになった」「会社からミッションを与えられた」など、大変なことは多いです。

　しかし、自分がやりたくないことだったとしても、会社から与えられて、それにイエスと言った場合、「自分の仕事」に変わります。もはや、自分がやりたい、やりたくないという話ではなくなります。引き受けた以上は、自分の仕事になるので、最大の熱量で行動しなければなりません。

　つまり、仕事のノートも夢のノートも書き方は同じなのです。タスクの管理もウイッシュリストもポイントになっているのは、これまでにもお話ししてきたような**「どんなことをいつまでにどれくらいの予算感でやっていくのか、どれくらいの数**

字を目標に立てていくのか、それに向かってどんな行動をデイリーのスケジュールに落とし込んでいくのか」——これしか方法はありません。

タスクの細分化ができている方とか、あるいは会社での立場・役割が上になればなるほど、上司が指摘してくる内容が細かくなっていきます。なぜ、そんな細かいことを指摘してくるのでしょうか？

かつて私がいた小売業の会社では、当時私が師匠と思っていた上司から、店頭のことでものすごく怒られました。「店頭が汚い。店頭は会社の顔だ」とよく言われていました。

当時は、なかなか意味がわからなかったのですが、タスクや予定の細分化ができるようになると、この本当の意味がわかってきます。

このように、なぜ上司が細分化できているのかの理由もわかるようになってきます。ですから、今回のノートも、夢の部分を仕事でのミッション、ゴールに置き換えてチャレンジしてみてください。

Check!

☑ 夢をかなえるためには、資格や勉強、音楽や芸能、キャリアアップなどの分野においても、具体的な行動計画が必要

☑ 目標を定めて逆算し、それに向かって着実に行動することが重要であり、それを実現するための具体的なステップをノートに記述することで、夢をかなえる確率を高めることができる

☑ title

POSTALCO スナップパッド

☑ features

思考整理「ただ、紙と向き合う」

　ビジネスシーンでの使用に最適なアイテム。持ち運びやすく、会議や外出先でも簡単に使用できます。ページが簡単に取り外せるため、柔軟に思考整理ができたり、アイデアを自由に展開できたりするので、手放せません。また、シンプルで洗練されたデザインが特徴で、周囲にスタイリッシュな印象を与えられます。さらに、コピー用紙の裏紙もセットでき、エコにも配慮されています。デザイン性と機能性を兼ね備えた上、プレスコットン仕様で丈夫なのもうれしい。本当に頼れるパートナーです！

購入者特典「テンプレート」ダウンロード

本書で紹介したテンプレートの数々を、
購入者特典としてプレゼントします。
以下のURL、QRコードからどうぞ！

https://community.camp-fire.jp/projects/
743533/activities/588753

おわりに

　本書をお読みいただき、本当にありがとうございました！

　本書の出版を打診されたのは、昨年の夏のこと。あっという間に1年が経とうとしています。この1年で、私を取り巻く環境は劇的に変化しました。YouTubeのチャンネル登録者数の増加は言うまでもなく、発信するメディアの種類が増え、「THE オトウサンノヒミツキチ」としての活動範囲も格段に広がりました。

　タイムマネジメントの本を書いている私が言うのも皮肉な話ですが、この1年はまさに毎日がキャパオーバーでした（笑）。私がこの1年どのような日々を送って来たかをみなさまに知っていただきたく、1日のタイムスケジュールを記します。

6：15　起床、YouTube動画撮影

7：20　動画撮影終了、朝食

8：00　長男を学校へ送る

8：15　食器を洗う（妻が出勤準備を始める）

8：30　娘の髪をセット（できるお父さんでしょ!?）

9：00　妻と娘が家を出発

9：30　Kei出発（隙間時間に編集作業）

10：40　職場到着（通勤時間の間に企画を考えたり、セリフの文字起こしやスマホでのサムネ編集）

14：00　休憩時間に動画編集

20：30　退勤（自宅到着までiPadで動画編集）

22：00　帰宅、晩ご飯

22：30　お風呂

23：00　動画撮影・編集、Voicy 録音、執筆、コミュニティ運営

1 ：00　就寝

　私はこのスケジュールをほぼ毎日繰り返しています。実際にはここで紹介した以外にも多くのタスク（本業）があるため、まさに激務そのものです。それでも、私がこの忙しさを乗り越えられるのは、強い使命感があるからです。モノやコトを通じて学ぶ楽しさを1人でも多くの方に伝えたい。それが私の動力源です！

　YouTubeでの登録者数が増えること、Voicyでパーソナリティを務めること、そして書籍を出版すること。これらはすべて当たり前のことではありません。これまでの努力が実を結んでいるのですが、それを可能にしてくれたのは、私の活動を見つけてくれたみなさま、この多忙な毎日を支えてくれる家族、そして仕事の基礎を教えてくれた前職の先輩方のおかげです。

　私には夢があり、それを追い続けることが今の私のすべてです。20代の頃と違い、家族もできて、子どもも大きくなりました。夢を追い続けることは、正直簡単ではありません。ただ、辛いことや苦しいことがあっても、熱量を持って取り組むことで乗り越えられると信じています。タイムマネジメントを極めることも大切ですが、それ以上に、仕事もプライベート

も、熱量を持って取り組むことの大切さを、改めて感じています。

最後に、あなたにお聞きします。

あなたは仕事をどれだけ愛していますか？

プライベートの時間をどれだけ楽しんでいますか？

タイムマネジメントを極めることは、達成したい目的をかなえるための1つの手段にすぎません。それよりも大切なのは、あなたが心から達成したいこと、生きがいを見つけることです。

最後になりましたが、私が運営しているオンラインコミュニティ「Bizque－ビジネススキルクエスト－」では、本書で紹介したノウハウについてのワークショップはもちろん、仕事にかかわるさまざまな種類のワークショップを実施したり、メンバー同士のコミュニケーションもはかっています。同じ熱量を持つメンバーたちは、年齢も業種もさまざまです。もし興味があるなら、ぜひ遊びに来てください。一緒に楽しみましょう！

2024年6月　Kei

THE　オトウサンノヒミツキチ・Kei

1984年生まれ、大阪在住の二児の父。ミュージシャンとして活動した後、老舗企業にアルバイトから入社し、執行役員まで昇進。在職中はお土産の企画や販売、新規事業の立ち上げを担当。地元の魅力を子どもたちに伝える体験型コンテンツの企画・パフォーマーとして、テレビ出演も果たす。行政主催のイベントではMCを務め、2015年には学ぶ楽しさを物や事を通じて伝えるプロジェクト「まなびDRIPS」を立ち上げる。教育への探求を深めるため2021年に転職し、現在は事業責任者・GMとしてスタッフの育成も担当。2022年1月にはYouTubeチャンネル「THEオトウサンノヒミツキチ」を開始し、好評を得ている。投稿動画「A4用紙たった1枚で仕事を爆速に効率化する書き方」は108万回再生を突破。2023年から音声メディアのVoicyでパーソナリティとしても活動を始める。

YouTube
「THE オトウサンノヒミツキチ／お父さんの秘密基地」
https://www.youtube.com/@thedadsecretbase

ばくそく　じゅつ
爆速ノート術

2024年7月20日　初 版 発 行
2024年9月10日　第3刷発行

著　者　THE オトウサンノヒミツキチ・Kei　©Kei 2024
発行者　杉本淳一

発行所　株式会社　日本実業出版社　東京都新宿区市谷本村町3-29　〒162-0845

　　　　編集部　☎03-3268-5651
　　　　営業部　☎03-3268-5161　　振 替　00170-1-25349
　　　　　　　　　　　　　　　　　https://www.njg.co.jp/

印 刷 ・ 製 本／新日本印刷

仕事と勉強にすぐに役立つ
「ノート術」大全

ノート術やメモ術の本のノウハウを「1冊」にまとめた決定版！ あらゆるノート術やメモ術を25年超実践してきた著者が、その使い方や使い分けを解説。「行動」「企画」「メモ」「整理」「勉強」「目標達成」などのテーマ別に、豊富なイラストや図で紹介。

安田 修
定価 1595円（税込）

こころが片づく「書く」習慣

日々生まれるネガティブな感情から脱け出す方法として、「書いて頭と心を整理する」という方法は、即効性があり効果も絶大です。本書では、18の心を片づけるワークシートを紹介。シートに合わせて書くだけで、気持ちが晴れ、わくわくする毎日を過ごせます!

古川武士
定価 1430円（税込）

仕事ができる人が見えない
ところで必ずしていること

1万人以上のビジネスパーソンと対峙してきたベストセラー著者が明かす、仕事ができる人の思考法。周りから信頼され、成果を出す人は、日ごろから何を考え、行動しているのか。「できる風な人」から「本当にできる人」に変わる、ビジネスパーソンの必読書。

安達裕哉
定価 1650円（税込）